Cómo dejar de hacerse pajas mentales y disfrutar de la vida

GIULIO CESARE GIACOBBE

CÓMO DEJAR DE HACERSE PAJAS MENTALES Y DISFRUTAR DE LA VIDA

Traducción de Isabel Prieto

la esfera de los libros

Primera edición: mayo de 2012
Duodécima edición: julio de 2020

Avenida de Alfonso XIII, 1, bajos
28002 Madrid
Teléf.: 91 296 02 00 • Fax: 91 296 02 06
Pág. web: www.esferalibros.com

Diseño e ilustración de cubierta: Opal Works
ISBN: 978-84-9970-755-6
Depósito legal: M. 17.474-2012
Impresión: Rigorma
Encuadernación: De Diego
Impreso en España-*Printed in Spain*

Índice

Prólogo. Escrito por el propio autor 11

Capítulo primero. De pajeros mentales 17
Este libro 17
Si ves a uno/a... 18

Capítulo segundo. De las pajas mentales 23
Definiciones 23
La paja mental beneficiosa 24
La paja mental maligna 28

Capítulo tercero. De cómo se forman las pajas mentales ... 31
La tensión 31
El pensamiento 36

Capítulo cuarto. De por qué nos hacemos pajas mentales ... 49
El cerebro 49
Los dos mundos 55

Capítulo quinto. De por qué no conviene hacerse pajas mentales 59

Capítulo sexto. De cómo no hacerse pajas mentales 61
Prologuillo 61

La depresión ... 63
La presencia mental ... 66
El mundo ... 70
La meditación ... 74
El cuerpo ... 79
La mente ... 81

Capítulo séptimo. De la conciencia: teoría ... 93

Apéndice. Qué puede hacer un pobre neurótico (si es obsesivo, mejor) para dejar de hacerse pajas mentales ... 107
El mantra ... 107
El mantra no significativo ... 110
El mantra significativo ... 113

Encuentros ... 117

A mi hijo Yuri,
que se habría sonreído con afectuosa
indulgencia ante esta bobada.

Prólogo
Escrito por el propio autor[1]

He escrito este libro a causa de mis alumnos: uno tiene que atreverse a poner por escrito lo que va diciendo por ahí, me han hecho observar, aunque sólo sea por un mínimo sentido de la coherencia (los jóvenes tienden a convertirlo todo en una cuestión de principios: todavía no saben lo peligrosísimo que es eso).

No sé si lo han hecho para ayudarme o para meterme en un callejón sin salida.

Me inclino por la segunda hipótesis.

Por otro lado, ellos también tienen derecho a vengarse.

Por mi parte, yo pienso vengarme de ellos empleando su mismo lenguaje: espero que así se den cuenta de lo horroroso que es.

Como mi filosofía vital se basa en buscarle a todo el lado positivo, haré cuanto esté en mi mano para convertir en

---

[1] Como sin duda habrás observado, los libros «normales» suelen ir precedidos de un prólogo firmado por un crítico o por algún entendidillo que se las da de tal. Como no he encontrado a ningún infeliz que esté dispuesto a echar por tierra su reputación escribiendo un prólogo a esta birria descarada, no he tenido más remedio que apañármelas yo solito.

un éxito lo que no ha sido sino una bajada de pantalones. Dicho de otra forma: intentaré que este libro detente varios primados.

Para empezar, va a ser el primer libro del mundo (y esperemos que el último) que se dirija explícitamente tanto a los hombres como a las mujeres, recurriendo hasta el agotamiento a la fórmula «¿satisfecho/a?».

Esto lo hago porque me identifico con el Hombre tanto como con la Mujer.[2]

Confío en que esta pobre y mísera argucia sea suficiente para que mi obra quede inscrita en las páginas de la Historia (con tal de ser famoso, uno es capaz de todo, desde lo más idiota hasta lo más perverso).

Aunque sólo lo consiga gracias a este «detalle curioso», me habré dado por satisfecho.

El título responde a un deseo de mis alumnos.

Yo le hubiera puesto otro pero, por más vueltas que le he dado al asunto, no se me ha ocurrido nada: en la lengua italiana no existe una expresión más «correcta» para decir, con la misma eficacia e idéntico significado, «paja mental».

Una vez más, los jóvenes tenían razón.

Muchos de los editores a los que ofrecí este libro me dijeron que el título era demasiado malsonante y que si no lo cambiaba no estaban dispuestos a publicarlo.

---

[2] La verdadera razón es que me gustaría camelarme a las mujeres para que me adoren (el viejo sueño masculino) y me vea convertido en uno de los escasos hombres a los que ellas jamás tacharían de machistas (el moderno e imposible sueño masculino). ¿Y si, después de tanto trabajo, les da por enfadarse porque el masculino va antes que el femenino? Bueno, pues en ese caso, no habrá más remedio que decirles la verdad: «Señoras mías, ¡son todas ustedes unas toca pelotas!».

Por fidelidad a mis alumnos y al bellísimo y jugoso italiano popular, me juré a mí mismo que no cambiaría el título ni aunque me amenazaran poniéndome un bazuca en la boca[3] (en el caso de que la amenaza fuera con un cañón, confieso que sí me lo pensaría dos veces).

Al final —¡y por fin!—, encontré a un editor con agallas.

A juzgar por el título, este libro puede parecer una gilipollez[4-5], pero en realidad es un libro muy, pero que muy serio; de hecho, podría haberse titulado *Manual práctico de autoprevención y autoterapia de la neurosis* y está avalado por la inclusión en sus páginas de técnicas psicológicas orientales,

---

[3] Os preguntaréis, no sin cierta razón: ¿pero de qué tamaño tiene la boca este tío?

[4] *Belinata* en el original. Para una correcta comprensión de la próxima nota del autor se recuerda al lector que gilipollez es el derivado nominal de *gilipollas*, palabra compuesta por *gil* o *gilí* (es decir, idiota, lelo, cretino, etc.) y *polla*. Asimismo, se precisa que *cazzo* es *polla*, *cazzata* sería *pollada*, y que la traducción literal de la expresión *testa di cazzo* es *cabeza de polla*. Como nota curiosa, añadiré que es ésta una expresión que en Italia aflora, espontáneamente, de los labios de todo hispanohablante, con independencia de su grado de competencia lingüística, apenas se topa con alguien al que en su recio castellano definiría como un «¡pedazo de gilipollas!». (*N. de la T.*)

[5] Expresión dialectal genovesa equivalente a la napolitana *cazzata*, la milanesa *pirlata*, la siciliana *minchiata*, etc. Me veo en la triste obligación de subrayar el hecho de que este pequeño órgano está considerado, en todas las regiones de Italia, un perfecto idiota (como se deduce de la expresión «*testa di...*»). Esto me da que pensar (mal). ¿Qué significado encierra esto? ¿Que su contrario y/o complementario se considera, en cambio, inteligentísimo? Distinguida lectora, le ruego que sitúe su mano sobre el «subconsciente», «ahonde en su interior», y me conteste con total sinceridad: ¿de verdad que piensa eso? Empiezo a sospechar que sois vosotras, las mujeres, las que habéis puesto en circulación semejante historia. Freud tenía razón: pura y cochina envidia..

como el yoga y el budismo zen (más serio, imposible, ¿o no?).[6]

Descarté este segundo título por motivos prácticos: si se viese a la primera que se trata de un libro útil y totalmente serio, que puede ayudar a cualquiera a que supere sus adoradas neurosis, no lo compraría nadie.

Todas mis esperanzas están ahora depositadas en que no seas uno de esos precavidos y astutos lectores que antes de comprarse un libro se leen el prólogo.

Como sea así, no me queda otra que darme por jodido.

Pero, por favor, te lo suplico, espera un segundo antes de tomar la decisión de no comprarlo.[7]

Piénsalo bien, quizá estés a punto de cometer el mayor error de tu vida (y de la mía): este libro te ofrece la posibilidad de participar en un montón de interesantísimos concursos.[8]

Si, por el contrario, ya lo has adquirido y, tras la lectura de este prólogo, lo mejor que se te ocurre es tirarlo a la taza del

---

[6] Personas aún más serias que yo han visto en el budismo zen una forma de terapia comparable, nada más y nada menos, que al psicoanálisis (la más seria —y trágica— de las terapias analíticas). Véase: Fromm, Suzuki, De Martino, *Psicoanalisi e Buddhismo Zen*, Ubaldini, Roma, 1968.

[7] Esto de que el autor suplique al lector para que, por lo que más quiera, le lea, por favor, le lea, es un recurso de lo más novedoso por el que, quizá, también termine en el *Guinness*. Las secciones «Caraduras» y «Proposiciones indecentes» me vendrían como anillo al dedo.

[8] Ya lo sé: he reproducido las técnicas de *marketing* de los vendedores de detergentes sin gastarme un euro en pagar derechos. ¡Listillo que es uno! Si eres uno de esos respetables consumidores capaces de engullir toneladas de quesitos hechos con uñas de cerdo y de mayonesas confeccionadas con aceite para coches sólo para experimentar la satisfacción de reunir varios miles de etiquetas y de enviarlos a un centro de recogida situado en el Sahara, ¡este libro, oh adorado lector, está hecho a tu medida! ¡Te lo vas a pasar en grande!

váter, enfadadísimo[9] y puede que, incluso, profiriendo alguna que otra expresión obscena y malintencionada acerca de mis antepasados más cercanos, has de saber que me importa un bledo.

Total, los euros ya los has soltado.

En realidad, cuento con la incurable maldad humana: cuando descubras que leer este libro puede ser un motivo de sufrimiento, seguro que te apresuras a comprar varios ejemplares para regalárselos a tus amigos y vengarte así por todos los favores que te han hecho y que te obligan a estar en deuda con ellos, sentimiento insoportable donde los haya.

¿Y qué me dices de la satisfacción que supone tildar de neurótico a otro? (Por cierto, cuanto más neurótico es uno, más intensa y sublime es la satisfacción que se experimenta al llamárselo a otro.) Imagínate la escena: llegas, miras a tu amigo y, sin tener que pasar el trago de decírselo a la cara, es más, quedando como un perfecto señor, le regalas este libro, que es lo mismo que decirle: «¡Tío, pide hora en el psiquiatra porque estás de un neurótico que no hay quien te aguante!». ¡Cojonudo!

Ya para terminar, en el caso de que alguien encuentre algún tipo de alivio gracias a la lectura de este librúnculo[10]

---

[9] Enfadado tú, no el váter, que, por otra parte, tiene motivos de queja mucho más serios que los tuyos. Y, por cierto, ¿es que no tienes una papelera en tu casa, como todo el mundo?

[10] Es demasiado pequeño para sentarse encima de él y simular una altura imponente en una comida importante pero, si se lo calienta adecuadamente, puede aplicarse sobre el estómago para aliviar las molestias de una digestión pesada; aplicado bajo las axilas puede, además, favorecer la eliminación de granos, abscesos, golondrinos y ojos de gallo (es rarísimo que salgan ojos de gallo debajo del sobaco, pero cuando salen ¡lo hacen a lo bestia!).

se le ruega que deposite una generosa suma en la siguiente dirección postal: «"Comité de Ayuda y Asistencia a los Autores de Manuales sobre Técnicas Encaminadas a la Eliminación de las Pajas Mentales", a la atención de G. C. Giacobbe, Génova.»

Muchas gracias.

Capítulo primero
De pajeros mentales

Este libro

Este libro, como su título indica, quiere ayudarte a que dejes de hacerte pajas mentales y, por lo tanto, a que consigas disfrutar de la vida.

Porque, créeme, para disfrutar de la vida sólo hace falta dejar de hacerse pajas mentales.

Piénsalo bien, si no: ¿de dónde provienen casi todos tus males? De las vueltas que le das a la cabeza —o sea, a la *mente*— por este o aquel asunto, ¿no? Pues, entonces, para qué seguir hablando: es evidente que tengo razón.

Pero, antes, sé sincero contigo mismo: ¿quieres, de verdad, dejar de hacerte pajas mentales?

¿Quieres, de verdad, disfrutar de la vida?

No es una pregunta absurda: hay imbéciles que se lo pasan en grande haciéndose sufrir a sí mismos y que se agarran un cabreo de mil diablos si alguien intenta impedírselo.

Si no perteneces a esta categoría —la de los masoquistas— sigue leyendo este libro: te será utilísimo.

Si, por el contrario, perteneces a la categoría de los masoquistas, continúa igualmente con su lectura, y con más razón todavía: perder el tiempo leyendo un libro cuyo contenido te importa un bledo te producirá un sufrimiento —es decir, un placer— más que considerable; si a eso le añades que no poner en práctica ninguno de mis consejos te permitirá seguir llegando, tú solito, a un sufrimiento sin límites, el placer alcanzado, reconócelo, será digno de los dioses.

Y todo eso sin tener que pedirle ayuda a nadie (las ayudas, ya se sabe, siempre se ofrecen a cambio de algo, incluso de algo *muy* poco conveniente).

De todas formas, a mí, que sigas o no leyendo el libro, me la trae al pairo.

Total, ya lo has comprado.

Eso sí: ¡ni se te ocurra *prestarlo*!

Deja, mejor, que otros cometan la gilipollez de comprarlo (y si, definitivamente, no se lo quieren comprar, jódeles regalándoselo) y disfruta pensando en que los habrá tan masoquistas que hasta se lo lean.

Igual que estás haciendo tú.

Si ves a uno/a...

Si ves a uno/a[11] caminando por la calle con la misma gracia con que lo haría un autómata, con la mirada ausente, el cuerpo rígido y los brazos caídos, como muertos, a lo largo de los costados, no te asustes. No se trata del prototipo de un robot

[11] Doy aquí inicio al peñazo prometido en el prólogo de emplear la fórmula o/a. Para no hacerte muy pesada la lectura, al menos al principio, y dejar que te vayas acostumbrando poco a poco, en este capítulo alternaré los géneros. Una vez le tocará al masculino y otra al femenino. Así estaremos en perfecta igualdad, que es a lo que aspiran todas las mujeres, Dios sabrá por qué.

fabricado a perfecta imagen y semejanza del hombre, aprobado secretamente por la NASA; tampoco es un zombi o un infeliz cuyo cerebro ha sido abducido por invasores extraterrestres; ni siquiera se trata de un extra enloquecido que acaba de escaparse del plató de una película de terror...

No.

Estás ante uno/a que se hace pajas mentales.

Si sales con uno que, cuando le hablas, se te queda mirando tan fijamente como si le hubieras hipnotizado y, si le haces de pronto una pregunta sobre lo que estás diciendo, te contesta entre balbuceos y sin dar pie con bola mientras se fuma hasta el filtro del cigarro, no te hagas ilusiones: no está enamorado de ti; tampoco es que le hayas fascinado con tu conversación, que esté sufriendo un ataque de afasia parapléjica o que sea autista[12] (a menos que seas tan rico que des asco y tan idiota como para dejar que otro conduzca tu Ferrari).

No.

Estás ante uno que se hace pajas mentales.

Si una te dice que eres un mierda y que todo se ha acabado entre vosotros porque ha encontrado en uno de tus bolsillos un billete de autobús de París (en mi opinión, habría que fusilar a todos los que te fisgonean en los bolsillos) y tú no le has dicho nunca que conoces París, ciudad en la que ella no ha estado jamás, *así que mucho menos contigo*, no pienses que eres un mierda, como ella afirma, y, sobre todo, no te hagas ilusiones con que todo ha acabado entre vosotros, porque con una así no se concluye nunca nada, con independencia de lo que le hagas o le dejes de hacer.

---

[12] *Autista*, en italiano, significa también conductor de vehículos. (*N. de la T.*)

No se trata de una pobre víctima inocente de tu cinismo o tu maldad.

No.

Estás ante una que se hace pajas mentales.

Si uno te echa a perder una noche que tú pensabas dedicar a ver, por fin, esa cinta de vídeo que no es que te interese gran cosa, pero te la prestó hace ya un año un amigo que cada vez que te lo encuentras te insiste en que a ver si quedáis para que se la devuelvas; o a lavarte el pelo con huevos batidos, que te ha dicho una amiga que es lo mejor que hay para que te quede tan sano y brillante como el de las modelos; o a hacer un recorrido por las tiendas cerradas para ver si queda alguna abierta, que nunca se sabe; o a cualquier otra actividad igual de útil e interesante, para contarte, sin darte siquiera un respiro para que te tomes una caña y unas tapas —que, naturalmente, pagarías tú—, qué desgraciado se siente aún por la historia que vivió hace cuatro años con una determinada persona, tan sumamente imbécil que ni siquiera le quería, pero a la que él, que se encariñaría hasta con un perro sarnoso, quiso como a nadie, y todavía la quiere, porque él cuando se enamora, se enamora (típico ejemplo de tautología amorosa: no quiere decir absolutamente nada), y todavía se acuerda de cuando le quitaba la mierda de las uñas de los pies, que aquella determinada persona decía que para qué hacía eso, si sería pijo, pero que él lo hacía lleno de amor, porque el amor se nota, sobre todo, en pequeños detalles como ése, y también se acuerda de cuando le quitaba espinillas y aquella determinada persona se cabreaba con él porque decía que luego le iba a quedar la marca, y él le decía que no, porque si aprietas bien la espinilla, desde la raíz, como quien dice, y la sacas entera, no te queda marca, bueno, no te queda casi nunca (él tiene unas cuantas marcas porque en cuanto se ve una espinilla, se la quita, bueno, no todas, a las de la espalda no llega, y aquella determinada persona se negaba a hacerlo por él, si sería egoísta, además de imbécil perdida), y él no deja de pensar ahora en todo lo que podría haberle dicho entonces y no le dijo, y por eso su vida es una tortura insufrible... No pienses que estás ante un ser sensible y delicado, lleno de amor y ternura, al que la vida ha maltratado injustamente.

No.

Estás ante uno que se hace pajas mentales.

Si una se pasa todo el día encerrada en su casa, dándole vueltas a la cabeza porque no sabe qué va a ser de ella, si conseguirá encontrar trabajo, si cuando lo encuentre sabrá compaginarlo con el matrimonio aunque, bueno, la verdad es que lo del matrimonio no termina de verlo, porque luego está lo de los hijos, ¡Dios mío, los hijos!, a ella le gustaría tener hijos, claro, a qué mujer no, ¿pero será capaz de educarlos como es debido?, ¿y si al hacerse mayores caen en la droga o se convierten en delincuentes? ¿Y él? ¿Cómo reaccionaría él ante algo así? ¡Él, al que ni siquiera conoce aún, y como para intentar conocerlo! ¿Quién es la guapa que se atreve a salir a la calle a buscar al hombre de su vida en medio de tanto gilipollas como anda por ahí suelto? Porque ella no quiere andarse con tanteos ni medias tintas, ella quiere o blanco o negro desde el principio, saber con exactitud cómo será su vida, no soporta ni un segundo más esta incertidumbre continua, ¡Dios!, ¡qué pánico da el futuro!, por eso no se siente capaz de salir de casa, ¡digo!, para que le pase *eso* que no sabe qué es pero que teme tanto, como si ella no supiera de sobra lo horrible que puede llegar a ser la vida, siempre te tiene alguna desgracia guardada y las desgracias siempre les ocurren a los mismos y ella tiene mala suerte desde que el día en que nació y por eso todo le pasa a ella, casi mejor va otra vez a que le echen las cartas, así al menos sabrá a qué atenerse, porque las cartas que le echaron ayer no la han convencido mucho... No pienses que estás ante un caso de mutación genética, un ejemplar perteneciente a una subespecie de la raza humana que la selección natural ha creado a beneficio de la especie que comprende a cartománticos, quiromantes, nigromantes y afines; aunque en la práctica sea así, la genética no tiene nada que ver en esto.

No.

Estás ante una que se hace pajas mentales.

Capítulo segundo
De las pajas mentales

Definiciones

Empecemos por aclarar una cosa: hacerse pajas mentales es algo totalmente natural. No eres un/a monstruo/a o un cretino/a por hacértelas. Todo el mundo se las hace.

Los científicos están convencidos de que para conocer una cosa es preciso definirla (¿cómo se las arreglarán con mi prima Caterina?). Al lector culto (¿existirá algún lector culto capaz de leer este libro?) no le disgustará, por lo tanto, que comience por dar una definición científica de la paja mental:

Dícese «paja mental» al acto de pensar en cosas que no tienen relación alguna con la realidad.

Estarás pensando que, según esta definición, tú no te has hecho nunca pajas mentales.

Esa idea es un ejemplo clásico de paja mental.

El quid de la cuestión radica en lo que se entienda por *realidad*. Mi definición de realidad es la única real, como podría confirmarte cualquier campesino de la llanura del Po.

La realidad es nuestro cuerpo y el ambiente físico que lo rodea.

¿Te parece muy materialista? Pues sí, lo es, ¿pero qué tiene de malo el materialismo, en vista de que es real?

Si tienes el valor de aceptar esta verdad, ya tienes hecha la mitad del camino que te queda por recorrer hasta conseguir dejar de hacerte pajas mentales y disfrutar de la vida (suponiendo que ésa haya sido tu intención al comprar este libro: también los masoquistas, es más, sobre todo ellos, compran libros). Las personas normales (por ejemplo, el empleado de una hidroeléctrica al que conocí el domingo pasado, cuando fui a recoger setas, y yo) saben perfectamente que las cosas son así.

Los neuróticos (histéricos, neurasténicos, ansiosos, deprimidos, esquizofrénicos, paranoicos, etc.), o sea, todos los demás, están irrecuperablemente convencidos de que la realidad está dentro de su cabeza. Como para pegarse un tiro. De hecho, es lo que terminan haciendo muchos de ellos, aunque nunca en un número suficiente como para que ambas categorías queden igualadas. Los neuróticos, mal que bien, siempre constituyen la inmensa mayoría.

La paja mental beneficiosa

No todas las pajas mentales son nocivas: existen también las pajas mentales *beneficiosas*.

Si te han invitado a una fiesta en el norte de Italia, en la altiplanicie de Carso, en Venecia Julia, y, de pronto, miras a un lado y a otro y te das cuenta de que estás en una trinchera, que a tu alrededor hace furor la Primera Guerra Mundial, que no van a servir ni un mísero canapé y que el Martini sabe a agua sucia...; si pasan los días y tienes hambre, frío y un miedo atroz a que un *cecchino*[13] austrohúngaro (que, a pesar de lo que su nombre indica, tiene una vista de lince, el muy cabronazo) te meta una bala entre los ojos y el anfitrión de la fiesta insiste en que te quedes, al menos, hasta el año que viene (ejemplo perfecto de «fracaso de fiesta» o de «situación ambiental de mierda»)... ¿Qué haces para reducir esa tensión insoportable que amenaza con hacerte estallar la cabeza en mil pedazos? Piensas en tu mujer (desnuda) y en tus niños (vestidos) que te esperan en casa con los brazos abiertos, si eres un *él*. O bien en tu marido (vestido) y en tus niños (desnudos)[14] que te esperan en casa con los brazos abiertos (esta última imagen sí es igual para ambos géneros), si eres una *ella* (aunque, ¿cuántas oportunidades tiene una mujer de verse metida en una trinchera de Carso, con la Primera Guerra Mundial chisporroteando a su alrededor? ¡Me río yo de la igualdad de oportunidades!). Y este pensamiento alivia tu tensión, te ayuda a experimentar un bienestar pasajero. Es una paja mental, sí, qué duda cabe. Pero te proporciona placer, así que es beneficiosa.

Precisemos, por lo tanto, que:

La paja mental que proporciona placer es beneficiosa.

---

[13] *Cecchino* es el diminutivo de *cieco*, ciego, y también el nombre que recibían los tiradores escogidos del ejército austriaco durante la Primera Guerra Mundial. (*N. de la T.*)

[14] ¿Por qué diablos las mujeres lo hacen todo al revés?

Un tipo particular de paja mental beneficiosa es el *pensamiento creativo*.

El arte, la ciencia, la filosofía son pajas mentales beneficiosas.

¿Que no te gusta el mundo real?

Te inventas uno en el que eres más feliz que un dios.

Cierto, para qué negarlo, son *huidas de la realidad*.

Pero son bellísimas.

Nos ayudan a gozar, a sentirnos a gusto con la vida y con nosotros mismos. Nos consuelan.

Es decir, son *beneficiosas*.

Pero, ¡cuidado!, las pajas mentales son como las setas: las venenosas son mortales; las comestibles, si te das un atracón, producen dolor de estómago.

¿Qué podríamos decir de un tipo que se sumerge de tal forma en su mundo de fantasía (ya sea éste el exquisito mundo del arte, el de las profundidades de la filosofía o el inteligentísimo de la ciencia) que vive ajeno a la realidad que lo rodea? Que no se diferencia mucho de un drogadicto.

De acuerdo, es un universo maravilloso. Pero si sólo vives en y para él, no te extrañes si un buen día, al mirarte al espejo, te topas con una ruina de hombre: divorciado, con la foto de sus hijos eternamente en la cartera para recordar, al menos, qué aspecto tenían, sin un solo amigo que echarse a la cara, con mal aliento, una vida sexual que da asco y, para rematar, con problemas de estreñimiento.[15]

---

[15] Prescindo aquí de la pesadísima fórmula él/ella porque son los hombres los que se hacen con más frecuencia pajas mentales beneficiosas, es decir, los que se alienan más fácilmente de la realidad a través del arte, la ciencia y la filosofía. Dicho de otra forma: los hombres tienen más tendencia a padecer de estreñimiento, quiero decir, a encerrarse en sí mismos. Las damas, en cambio, tienden más a la colitis; es decir, a las explosiones incontrolables dirigidas hacia el exterior

Cierto, alguien tiene que sacrificarse para que el patrimonio cultural y científico de la humanidad se mantenga y prospere[16], pero el resultado es socialmente desastroso.

(de hecho, las mujeres hablan muchísimo, a veces demasiado). Yo he experimentado ambas inclinaciones y, la verdad, no sabría decir cuál es mejor. Quizá, si estás pensando en hacer un viaje por el trópico, te convenga el estreñimiento: ahorrarás bastante en pastillas contra la disentería, que cuidado que incordian, no hay forma de meter la mano en la bolsa de viaje y no encontrártelas..., al final te las terminas tomando sólo para perderlas de vista, con el consiguiente y brutal tapón, que también es mala pata, ¡tú que te habías ido de viaje para olvidarte de que eres un estreñido!... La colitis, en cambio, es muy útil cuando se hace la mili. No sirve para que te declaren inútil porque en el Ejército hay una gran demanda de colitosos, es decir, de dispépticos (y también de despóticos, faltaría), pero es un excelente tema de conversación que te ayudará a hacer un montón de amigos y, ya se sabe, los amigos de la mili son como los del colegio: duran para toda la vida. Aunque, ahora que lo pienso, no sé si es una ventaja contar con amistades inolvidables, salvo si te meten en chirona y no tienes nada que hacer en todo el santo día, salvo pensar, en lo que sea, para no terminar sintiéndote igual que el colchón o el orinal. En resumen: mi consejo a todo aquel que prefiera la colitis al estreñimiento es que se las ingenie para que le enchironen y pueda, así, dar rienda suelta a cuanto guarda en su interior y disfrutar como un enano gracias a su elección (previamente tendrá que haber hecho la mili, si no se descabala todo el plan). Debo advertirle, sin embargo, de que allí corre el riesgo de hacer más amistades inolvidables. Los amigos para toda la vida no se conocen sólo en el colegio y en el servicio militar, sino también en la cárcel. Y a éstos habría que añadir, además, los conocimientos que se hacen en el hospital, pero llegados a este punto el plan empieza a asumir dimensiones faraónicas, así que te aconsejo que lo olvides, salvo que seas un megalómano o quieras embarcarte en tamaña empresa sólo para hacerme un corte de mangas. Resumiendo de nuevo: yo creo que es mejor el estreñimiento, al menos siempre te queda *algo*...

[16] Ésta es la excusa oficial que dan los hombres para justificar su propensión natural a hacerse pajas mentales beneficiosas de tipo artístico, científico o filosófico. Según las mujeres, deben tener algo defectuoso en el cerebro. Comparto la opinión.

Así pues, ándate con ojo: dedícate al arte, a la ciencia o a la filosofía, pero sin perder el contacto con la realidad. Entre otras cosas, obtendrás mejores resultados en los tres campos.[17]

El arte, la ciencia y la filosofía son un raro ejemplo de pajas mentales que pueden conducir a algo bueno. Pero son la excepción. Las otras son repugnantes. Peor aún: son *malignas*.

La paja mental maligna

Aunque el resultado suene algo banal, definiré la paja mental maligna en contraposición a la paja mental beneficiosa:

La paja mental que produce sufrimiento es maligna.

Pero, ¿cuál es, en concreto, el proceso por el que alguien termina desarrollando una paja mental maligna?

Cuando el ser humano se civilizó, eliminó las amenazas físicas del exterior pero, a cambio, creó unas mucho más peligrosas en el interior de su cerebro.

Su Yo se expandió desde su cuerpo (su única realidad) por una serie infinita de representaciones e imágenes, es decir, de *símbolos*, irreales.

[17] No sigas jamás el ejemplo de Schopenhauer. En la universidad, unos alumnos le hicieron observar que su sistema filosófico no tenía nada que ver con la realidad. «Peor para la realidad», fue su respuesta. Desde ese día no volvió a tener un solo alumno. Yo prefiero explicar filosofía realista porque me gusta tener un montón de alumnos, único motivo razonable que se me ocurre para seguir filosofando.

Los hombres nos alarmamos cuando vemos amenazadas las siguientes cosas: la mujer, los hijos, la cuenta corriente, el coche, el televisor, el trabajo, los amigos, la siesta de los sábados por la tarde, el perro, nuestros padres, la reputación, la salud, el honor, nuestro programa de tele preferido, la prestancia (sobre todo, la sexual: esto va por los varones), la moral (sobre todo, la sexual: esto va por las mujeres), la honestidad, la inteligencia, el prestigio social, etc.

Nuestro Yo se ha convertido en algo hipertrófico, gigantesco, como si fuera una planta trepadora que hubiera invadido la totalidad del mundo que nos rodea.

Cuantas más cosas se poseen y más relaciones se tienen, cuanto más rico es uno y más poder tiene, más extendido está su Yo simbólico.[18]

Es evidente que cuanto más extendido está nuestro Yo, más vulnerable es: es más fácil hacer blanco si disparas contra un batallón que si lo haces contra un soldado solo.

El resultado es que nos sentimos continuamente agredidos en alguna parte simbólica de nuestro Yo.

Las agresiones reales, las de tipo físico, son ya relativamente infrecuentes.

Pero nuestro sistema de alarma no distingue entre agresiones físicas reales y agresiones simbólicas imaginadas o *mentales* porque lo que lo activa no es el mundo exterior, sino el cerebro.

Y nuestro cerebro decide que las agresiones simbólicas *son* agresiones a todos los efectos.

---

[18] De lo que se deduce que cuanto más rico es uno y más poder tiene, más sufre. Una gran verdad. Claro, que también es verdad que constatar el hecho no le parece a nadie una buena razón para renunciar a ser rico y poderoso.

Por eso estamos en un estado de *tensión continua.*

Y la tensión la vivimos como un *sufrimiento.*

En consecuencia, sufrimos y somos infelices *continuamente.*

El sufrimiento, dijo Buda, subtiende los aspectos de nuestra vida hasta el punto de constituir la esencia de la «condición humana». Y la causa de esto es, precisamente, nuestra identificación con los símbolos del Yo.

Éste es el mecanismo de la *paja mental.*

O, más exactamente, de la *paja mental maligna.*

Llegados a este punto, ya podemos adentrarnos en su estructura y definirla de forma más completa:

La paja mental maligna consiste en la identificación del Yo con uno de sus símbolos y en la generación de sufrimiento como consecuencia de la suposición de amenaza a dicho símbolo extendida a la totalidad del Yo.

Capítulo tercero
De cómo se forman las pajas mentales

La tensión

Antes de nada, una aclaración. «Cómo se forman» puede querer decir lo mismo que «cómo se hacen», pero si crees que leyendo este capítulo vas a aprender a hacerte pajas (mentales), estás listo/a.

Nada más lejos de mi intención que perder el tiempo explicándote cómo se hace algo que seguro que sabes hacerte de maravilla tú solito/a.

Una vez hecha la aclaración, procedamos a coger una paja mental y a desmontarla para ver cómo está hecha por dentro.

Si le preguntas a uno/a que se hace pajas mentales si es feliz te contestará que no, que es profundamente infeliz, que sufre como un/a desgraciado/a. Los dolores que padecemos rara vez son físicos, casi siempre son mentales. Y eso se debe a las pajas. A las pajas mentales, quiero decir.

Así pues, las pajas mentales son dañinas. Producen *sufrimiento*.

Si eres inteligente (y si has comprado este libro eres inteligente, ¿contento/a?), dudo de que te quedes satisfecho/a con esta respuesta, querrás saber algo más acerca del mecanismo de la paja mental y, por lo tanto, del sufrimiento.

Pues empecemos por ahí: ¿qué es el sufrimiento?

Fisiológicamente, el sufrimiento, tanto el físico como el mental, consiste en un estado de *contracción muscular* localizable en alguna parte de nuestro cuerpo.

La contracción muscular está provocada por un estado de *tensión eléctrica* que las células nerviosas, situadas en el cerebro, comunican a las células musculares.

Por lo tanto, es en nuestro cerebro donde se «toma la decisión» de activar el estado de contracción muscular, es decir, el sufrimiento.

Te preguntarás, ¿y de dónde cojones ha salido esa mierda de mecanismo?, ¿por qué tengo que ser yo, encima, el/la que me haga sufrir?

Hijo/a mío/a[19], debes saber que en este mundo nunca se nos da algo a cambio de nada.

Ponte en el lugar del Creador.

Tienes que inventarte una cosa que le haga hacer una cosa a una cosa cuando ocurre una cosa.

Perdón, me he liado.

Voy a explicarme mejor.

Si fabricas a un idiota que se deja devorar por el primer tigre con el que se da de bruces, ¿qué pasa?

Pues que el Hombre, tu gran diseño, se va a tomar por saco, y que tú, como creador, quedas a la altura del betún, vamos, que les das la razón a todos los que piensan que como profesional eres una puta mierda.

Así pues, tienes que inventar un sistema o mecanismo que impida al idiota dejarse devorar no sólo por el primer tigre con el que se encuentre, sino también por el segundo y, a ser

---

[19] Perdona el paternalismo, pero ya he alcanzado —¡por fin!— la edad necesaria para permitírmelo: ¡he pasado de los cuarenta!

posible, por el tercero (si se topa ya con un cuarto, déjalo, tío, el muy idiota, a pesar de todos tus desvelos, se ha metido de cabeza en una jodida guarida de tigres).

Pero, ¿cómo consigues obligar al idiota a que eche a correr? ¿Qué sistema emplearías?

No tienes más remedio que diseñar un mecanismo capaz de producirle tal malestar al idiota, si se queda muy quietecito para que el tigre, encima, se lo zampe a gusto, que le obligue a hacer algo: a protestar con tanta vehemencia que el tigre renuncie a su comida (algo sumamente difícil porque los tigres, cuando se sientan a la mesa, no permiten que nadie les moleste: aunque sea una falta de educación imperdonable, no te queda otra que irte), o a largarse de allí cagando leches.

El sufrimiento, como forma de malestar, es un recurso perfecto para conseguir que hasta un idiota de ese calibre se decida a hacer algo: sobre todo, a largarse de allí cagando leches.

El idiota a este sufrimiento lo llama *miedo*.

Un pariente suyo, mucho más culto, lo definiría, más apropiadamente, como *tensión*. Sí, en efecto: se trata de esa tensión eléctrica a la que me he referido antes.

El estado de tensión eléctrica celular deriva, pues, de la activación de nuestro sistema de alarma natural, cuyo fin es garantizarnos la supervivencia y que, por lo tanto, entra en funcionamiento cada vez que nos *parece* avistar algo que pone en peligro nuestra integridad.

Cuando nos agredían tigres de enormes fauces, hace millones de años, nuestro sistema de alarma se ajustaba perfectamente al fin para el que fue diseñado: nos hacía correr como rayos.

Entonces batíamos todas las marcas de velocidad: la de cien metros, la de doscientos, la de trescientos... (alguno hubo, incluso, que pulverizó la de los mil metros).

¿Y ahora?

Ahora es lo mismo: seguimos batiendo el récord de los cien, los doscientos, los trescientos metros (alguno hay, incluso, que pulveriza todas las marcas en los mil metros), pero con una diferencia: ya no nos pisa los talones ningún tigre de enormes fauces.

Tampoco lo hace ningún león, ningún leopardo, ninguna pantera, ningún puma, ningún ocelote, ningún jaguar, ningún conejo (perdón, perdón, no sé cómo se me ha podido colar un inofensivo y herbívoro conejo entre tanto felino ávido de carne humana).[20]

Hoy en día, las posibilidades de que nos persigan son muy remotas, salvo que hayamos desvalijado un banco sin tomar las debidas precauciones para esfumarnos tras el atraco.

Y, entonces, ¿por qué nos pasamos la vida huyendo, como si nos estuviera pisando los talones un tigre de enormes fauces, o un leopardo, o una pantera, etc., etc.? (Ver *supra.*)

Porque lo que activa nuestro sistema de alarma no es un tigre, ni un leopardo, ni una pantera, etc., etc., sino *nuestro cerebro.*

Es nuestro cerebro el que dictamina, *sin apelación posible*, qué constituye un peligro para nosotros. Ya he dicho antes que nuestro sistema de alarma se activa cada vez «que nos *parece* avistar» una amenaza.

A veces, nuestro cerebro decide que no existe ningún peligro en algo peligrosísimo y, en cambio, ve peligros mortales en las cosas más inofensivas.

Si nuestro nombre es Tremal-Naik, estamos acostumbrados a vivir aventuras junto a Sandokán, y nos topamos, en plena

---

[20] Para una lista exhaustiva de los animales que amenazaban al hombre en la Prehistoria, véase cualquier libro sobre animales salvajes.

jungla, con un tigre que, por cierto, se llama Darma[21], no salta alarma alguna.

Pero si nuestro nombre es, por ejemplo, Brambilla, trabajamos en un triste ministerio y, nada más volver de un viaje a las islas Hawai, que nos ha tocado de premio en un concurso, nuestra mujer empieza a inspeccionar nuestra ropa interior buscando una huella de carmín o similar, la alarma salta, ¡y cómo!, sobre todo si el funcionario Brambilla le ha puesto, efectivamente, los cuernos a su santa (y, conociéndole como le conocemos, ¿qué otra cosa iba a hacer esa buena pieza de Brambilla, y más en Hawai?).

Es nuestro cerebro, basándose en la memoria, y no nosotros, con todos los razonamientos que podamos hacernos, el que decide si estamos en peligro o no.

Y cuando decide que suene la alarma, ¡qué se le va a hacer!, no nos queda otra que dejar que suene. No importa que estemos cómodamente tumbados en la cama, perfectamente protegidos del exterior en nuestro apartamento con puerta blindada, que tengamos la calefacción encendida (si es invierno, claro; si es verano, ¿para qué narices has encendido la calefacción?) y un vaso de whisky (o de vino) en la mesilla de noche... Nos entra el pánico y punto.

Y para que esto ocurra, basta con el pensamiento.

La lista de animales peligrosos que acechaban al hombre prehistórico es una ridiculez comparada con el inventario de peligros que puede llegar a elaborar nuestro pensamiento.

Porque el número de peligros inventados por nuestro pensamiento es prácticamente infinito.

---

[21] Véase: E. Salgari, *Los misterios de la jungla*. Creo que el tigre de Tremal-Naik se llamaba así, ¿no? Si no, peor para el tigre (y mucho más para Tremal-Naik).

Algunos están relacionados con el mundo que nos rodea: el compañero de trabajo que insiste en hacernos la cama (aunque no tengamos la más mínima queja sobre cómo nos la hace nuestra simpática asistenta dominicana); el amigo que nos quiere levantar a la mujer (aunque nunca le hayamos confesado que hay veces en que la pobre se derrumba y, por más que insistamos, ya no hay forma de levantarla); el marido que quiere tener una amiga (aunque nunca le hayamos oído comentar que se siente solo); el inspector fiscal al que parece que le va la vida en dejarnos en bolas (aunque nunca hayamos insinuado cuánto nos gustaría, en el fondo, terminar de *boy*); y así hasta el infinito.

Otros están relacionados con nuestro Yo físico: «Tengo sida», «Estoy demasiado gordo/a», «Con todos estos granos da asco verme», «Diga lo que diga el médico, esta tos es síntoma de cáncer», etc., etc. Otros, con el Yo ideal: «He nacido fracasado/a», «Nadie me quiere», «Soy una mierda», «Terminaré mis días más solo/a que la una», etc., etc.

El *pensamiento* es, pues, la causa principal de nuestro sufrimiento, la esencia misma de la *paja mental.*

Veamos ahora cómo podemos afrontarlo con valor, sosteniéndole la mirada con una sonrisa, mientras mantenemos escondidos en el bolsillo un bisturí y un microscopio (además de una mágnum 357 con el gatillo levantado).

El pensamiento

El pensamiento es como un cuchillo: lo puedes usar para untar mantequilla en una rebanada de pan o para rebanarte tú mismo/a el cuello.

Es increíble, lo sé, pero la mayoría de los seres humanos prefieren usarlo para lo segundo.

No me preguntéis por qué.

Sería como preguntarme por qué narices la lluvia tiene que ir y caerse justo encima de uno, con lo guapa que estaría quedándose en las nubes y ocupándose de sus asuntos.

Por cierto, me acabo de dar cuenta de que el agua tiene algo que ver con las pajas mentales.

Si la sustituyes sistemáticamente por *grappa*, verás cómo empieza a disminuir tu tendencia a hacerte pajas mentales.

Eso sí, a cambio sufrirás cirrosis hepática.

Y me siento incapaz de decirte que eso es mejor.

Por lo cual, es preferible que busques otro medio para dejar de hacerte pajas mentales.

Y, sin embargo, como es natural, el pensamiento no nació con la idea de ser —o de terminar siendo— un arma de autodestrucción.

El pensamiento es el resultado de la evolución biológica, o sea, tiene el mismo fin que todas las restantes funciones biológicas: la *supervivencia.*

Imagínate que uno te atiza un puñetazo en la nariz, mientras paseas con tu novia por el centro, y que sale corriendo sin darte tiempo para reaccionar.

Salvo que tengas la nariz de goma y menos dignidad que un gusano, el incidente te producirá una bonita dosis de tensión, que no podrás descargar atizándole una patada en los huevos (la respuesta más indicada, según la Convención de Ginebra, a un puñetazo en la nariz), principalmente porque ya no tienes sus huevos al alcance de la mano (mejor dicho, del pie).

¿Qué haces entonces?

Te tiras dos días machacándote el cerebro (obvio: si te machacas cualquier otra cosa, no obtendrás los mismos resultados), pensando en que si te lo encuentras le harás las siguientes cosas:

1. Agarrarle del cuello.
2. Obligarle a que se trague la corbata.
3. Clavarle la insignia de tu club en un ojo (suponiendo que exista un club que admita entre sus socios a tipejos como tú).
4. Escupirle en las narices (no en los conductos auriculares, como te gustaría hacer inmediatamente, según el punto 5).
5. Cantarle el *Soy mineroooo.*

Llegados a este punto podrías dejar ya el asunto: una canción folclórica es una respuesta más que suficiente a cualquier ofensa cuyo nivel de gravedad esté situado justo por debajo de una puñalada en mitad del corazón (por la sencilla razón de que recibir una puñalada en el corazón te deja sin fuerzas hasta para vengarte de alguien cantándole una canción folclórica... ¿Qué tal alguna de cualquier cantautor de los setenta?)

6. Darle la patada en los huevos reglamentariamente prevista por la Convención de Ginebra.

La escena, secuencia a secuencia, pasa por tu cerebro de la misma forma en que lo hacían las películas que, quizá, veías en los cines de arte y ensayo, aquellas del tipo de *El acorazado Potiomkin* (¡por fin lo ves escrito como se pronuncia!): continuamente.

Por este medio descargas algo de esa tensión que no puedes liberar de forma natural (actuando, no pensando), es decir, dándole *de verdad* una buena manita de lechones a ese desgraciado de mierda, que es lo que tendrías que haber hecho para descargar completamente y de manera natural tu tensión apenas te dio el puñetazo en la nariz.

Así pues, la inmediata finalidad del pensamiento, aquella para la que, probablemente, se diseñó originalmente, es *descargar la tensión excesiva.*

El pensamiento es, por lo tanto, la versión consciente y diurna de las célebres «poluciones nocturnas», la única actividad sexual oficialmente permitida a los boy-scouts, los educadores y el personal eclesiástico. Una escapatoria a cualquier «lleno total» de la tensión.

Cuando sufres una tensión insoportable, que no puedes descargar totalmente a través de la acción real, lo haces parcialmente a través de la *acción pensada.*

Por lo tanto:

El pensamiento es, fundamentalmente, un sustituto de la acción.

De hecho, el pensamiento consiste, sustancialmente, en la *simulación imaginada de la acción.*

Diciéndolo en términos fisiológicos, cuando a causa de una agresión ambiental el estado de tensión (y, por lo tanto, de sufrimiento) alcanza un nivel que, de sobrepasarse, podría resultar autodestructivo para el individuo, en pro de la supervivencia dicho estado se sustituye por uno de bienestar (caída temporal de la tensión), originado autónomamente mediante la activación del *pensamiento,* que simula una acción capaz de descargar la tensión a través de la invención de una situación ambiental *gratificante.*

Físicamente, la producción de neurotransmisores adrenalínicos (que provocan el estado de tensión, es decir de estrés) es sustituida en el cerebro por la producción de neurotransmisores noradrenalínicos (que provocan el estado de distensión).[22]

Es un fenómeno normal de *homeostasis*, es decir, de restablecimiento del equilibrio fisiológico, cuyo fin es la supervivencia, y que se encuadra en la dinámica biológica natural de los organismos vivos.

El pensamiento, pues, asume una *función defensiva frente a las agresiones ambientales o externas.*

Probablemente, la forma más primitiva del pensamiento es el *sueño.*

Consiste también, al igual que el pensamiento, en una simulación de acciones reales y también él, como el pensamiento, se activa en casos de tensión excesiva, cuando se ha producido un trauma, por ejemplo.

Los animales, desde el momento en que sueñan, también cuentan con esta primitiva forma de pensamiento.

Recuerdo que mi perro, Rocco, cuando soñaba aullaba, gruñía, babeaba, masticaba y movía tanto una cola como la otra (doy total libertad a tu morbosa mente para que imagine con qué soñaba mi perro Rocco).

---

[22] Si quieres saber algo más de lo que pasa en tu cerebro, pero sin devanarte demasiado los sesos (desde el punto de vista de tu cerebro esto quiere decir que le gustaría conocerse a sí mismo, pero tampoco mucho: vamos, que se da miedo), lee cualquier tratado de divulgación (que no está escrito, como podría parecer que su nombre indica, para personas vulgares, sino simplemente ignorantes: siempre es mejor lo segundo, ¿no?); por ejemplo, el de R. Ornstein y R. Thompson, *Il cervello e le sue meraviglie*, Rizzoli, Milán, 1987.

Al igual que el pensamiento, el sueño es una especie de polución nocturna mental cuya finalidad es descargar algo de tensión cuando ésta es excesiva.

Probablemente, la evolución de la corteza cerebral hizo posible que el sueño se prolongase durante la vigilia y, con el desarrollo del lenguaje, se convirtió en *pensamiento*. Y con el pensamiento se desarrollaron la lógica y la capacidad de deducción.

De ser un simple mecanismo para liberar tensiones, el pensamiento pasó a ser un arma formidable para controlar el medio; el ser humano se hizo el amo del planeta porque gracias al pensamiento fue capaz de resolver *problemas* ambientales.

Las acciones simuladas por el pensamiento, además de cumplir una función consoladora ante condiciones ambientales negativas, pueden servir para eliminar esas mismas condiciones que han activado el pensamiento y que constituyen el *problema*.

Si has caído en una trampa, el pensamiento puede ayudarte a salir de ella.

En esto es en lo que se ha convertido el pensamiento para el ser humano: en un sistema de *problem solving*, un sistema capaz de resolver problemas ambientales a través de la simulación de las acciones más indicadas para llegar a su solución. Con una condición básica: que las acciones pensadas se pongan en práctica, es decir, que *el pensamiento dé lugar a la acción*. Es ésta la que elimina las condiciones ambientales negativas y libera la tensión, restableciendo el equilibrio homeostático, o sea, el estado de bienestar.

El pensamiento que da lugar a una acción capaz de eliminar las condiciones ambientales negativas cumple perfectamente su función defensiva frente a las agresiones ambientales.

Es un pensamiento *conectado con la realidad*.

Así pues:

El pensamiento que da lugar a la acción no es una paja mental.

En cambio, aunque sea una perogrullada:

El pensamiento que no da lugar a la acción sí es una paja mental.

Pero, ¿cuántas veces tu pensamiento se traduce en una acción concreta?

¿Cuántas veces usas tu pensamiento para resolver problemas reales, empleando su función más evolucionada?

¿Cuántas veces te imaginas, en cambio, acciones que nunca serías capaz de llevar a cabo?

¿Cuántas veces utilizas la función más primitiva del pensamiento sólo para mantener a raya la tensión generada por problemas reales no resueltos mediante la acción?

Como puedes constatar fácilmente, la mayor parte de tus pensamientos está encaminada a asumir su primitiva función: contener la tensión mediante la simulación de acciones imaginarias que sustituyen a las acciones reales no realizadas, no a resolver, mediante la acción real, problemas reales.

Se deriva una verdad atroz, que muy pocos son capaces de afrontar sin que les dé un ataque de nervios:[23]

---

[23] Esto va, sobre todo, por los filósofos, que son los intelectuales más quisquillosos y con más facilidad para cabrearse de todos (Dios sabrá por qué; y el caso es que, luego, cuando a uno le resbala hasta que le pongan los cuernos se dice de él que «se toma la vida con filosofía»).

El pensamiento, muy frecuentemente, es una paja mental.

¿Y qué decir de esos momentos en los que la acción simulada por tu pensamiento no puede traducirse en acción, o de esos otros en los que no puedes eliminar las agresiones ambientales, ni siquiera en el plano de la imaginación?

En estos casos tu tensión no sólo no disminuye, sino que *aumenta*, ya que, al disminuir tu capacidad de defensa, aumenta el grado de peligrosidad que atribuyes a las agresiones ambientales y, por lo tanto, tu reacción tensionante (o estresante), es decir, tu *sufrimiento.*

En este caso, el pensamiento deja de ser un mecanismo de defensa ante la tensión para convertirse en un *sistema de incremento de la tensión*, es decir, del *sufrimiento* y, por lo tanto, en un proceso autodestructivo.

Así pues:

El pensamiento que genera sufrimiento es una paja mental maligna.

El grado máximo de paja mental maligna se alcanza cuando el problema que está intentando solucionar tu pensamiento no es un problema real, sino un problema inventado por el propio pensamiento, es decir, *un problema imaginario.*

¿Cómo puede ser que el pensamiento, creado para resolver o mitigar problemas reales, se convierta en el generador de problemas imaginarios?

Recordemos una vez más que no es el pensamiento lo que puede resolver un problema real, sino la *acción*.

Y si un problema real no se soluciona mediante la acción, la tensión que ha generado no desaparece y la válvula del pensamiento salta para mantenerla dentro de unos límites aceptables.

Pero si el problema real es muy grave, la tensión es tan alta que el pensamiento no consigue que disminuya lo suficiente como para mantenerla dentro de unos límites razonables.

¿Qué hace entonces el mecanismo para defenderse?

Olvida el problema.

A este proceso Freud lo llamó *represión*.

Con todo, la *represión* tampoco elimina la tensión generada por el problema: sólo la mantiene dentro de unos límites no destructivos.

La tensión, por lo tanto, continúa generando *pensamiento*.

Pero, al no poder descubrir el problema real porque se volvería a activar una tensión insoportable, el pensamiento genera otro problema, *un problema imaginario, aparentemente con solución*.

En realidad, el problema imaginario no puede resolverse.

De hecho, es imposible que exista una solución real para el problema imaginario por el simple hecho de que *el problema imaginario no es real*.

Un problema imaginario no puede resolverse *ni siquiera mediante la acción*.

Una eventual acción, activada por un problema imaginario, no puede resolver la tensión porque ésta ha sido generada, como hemos visto, por *un problema real distinto o que ya no es actual* y, por lo tanto, la acción apta para resolver la tensión es sólo la que *debería haber sido realizada* frente al problema real: es decir, *una acción distinta*, o la misma acción pero llevada a cabo *en un tiempo y un contexto distintos* (el pasado).

Es cierto que un problema imaginario puede tener una solución imaginaria, pero como la invención de un problema imaginario se debe, precisamente, al «lleno excesivo» de una tensión no resuelta a través de la acción —y que sólo puede solucionarse mediante ésta—, su solución imaginaria daría lugar a la invención de un nuevo problema imaginario, porque éste es precisamente el proceso por el cual el sistema psicofísico intenta reestablecer el estado homeostático, es decir, la producción de pensamiento simulador de la acción no llevada a cabo.

Normalmente, tu cerebro, que tiende a economizar, no está por la labor de desperdiciar energía resolviendo imaginariamente un problema sólo para inventarse otro inmediatamente después y volver a la situación inicial (esto sólo lo hacen los locos y confío en que tú no seas uno de ellos; en caso contrario, ¡mierda!, ¡va a ser verdad que este libro es cosa de locos!): se queda con el primero y se entretiene jugueteando con él, sin fingir siquiera que le está buscando una solución. O bien, si eres una persona especialmente creativa, se inventa uno detrás de otro sin resolver ninguno (es el caso de los neuróticos: si eres uno de ellos, ¡paciencia!, aunque a mí me viene de puta madre, los neuróticos constituyen el grueso de la población, por eso tener lectores neuróticos es la máxima aspiración de todo escritor).

La tensión causada por un problema imaginario *no puede ser eliminada.*

Es más, el propio problema imaginario *se convierte en una fuente de tensión.*

De ser un mecanismo de defensa ante la tensión, el pensamiento pasa a transformarse, pues, en un mecanismo para *incrementar la tensión* y, por lo tanto, en *un proceso autodestructivo* que se retrotrae en el tiempo y *crece al infinito* porque se *realimenta.*

La tensión, disminuida inicialmente gracias a la represión, al generar pensamiento que crea problemas imaginarios, *aumenta*, tendiendo a regresar al nivel original del problema real sustituido e, incluso, a *sobrepasarlo*.

En el caso de los problemas imaginarios la realimentación de la tensión a través del pensamiento es especialmente vigorosa: es frecuente que, con el tiempo, los problemas imaginarios inventados por el pensamiento generen más tensión que la originada, inicialmente, por el problema real que ha iniciado el proceso.

Así pues:

El pensamiento originado por problemas imaginarios es la más maligna de las pajas mentales.

La realización sistemática de pajas mentales malignas se denomina *neurosis*.

Está difundidísima.[24]

Lo único que te puede salvar de ella es la intervención de un psiquiatra o psicólogo competente: la ilusión de que no se necesita ayuda forma parte del cuadro neurótico, que ha pasado de ser un mecanismo de defensa a ser un mecanismo *autodestructivo*.

[24] «El ser humano es neurótico. Y el fenómeno no afecta sólo a un limitado número de casos, es la humanidad, en sí, la que es neurótica. El problema, pues, no se resuelve curando a algunos individuos; hay que curar a la humanidad como tal. La neurosis es la condición "normal" del hombre porque todos los seres humanos han vivido una experiencia educativa condicionante. Al ser humano no se le permite ser, simplemente, lo que es. Debe plasmar su personalidad de acuerdo con un determinado modelo. Y es este modelo el que origina la neurosis.» (B. S. Rajneesh, *Meditazione dinamica*, Edizioni Méditerranée, Roma, 1979, pág. 53.)

Ya que, como hemos visto, el pensamiento tiende a convertirse en una paja mental, en vez de empujar hacia la acción, y ya que las pajas mentales tienden a ser malignas, en vez de beneficiosas, es inevitable deducir esta otra gran verdad, que hará cabrearse aún más a todos aquellos que exaltan el pensamiento como la máxima expresión del ser humano:[25]

El pensamiento, muy frecuentemente, es una manifestación neurótica.

Pero entonces, me dirás, ¿hay que dejar de pensar?

Pues sí, no tengo más remedio que confesarte que no estaría nada mal dejar de pensar; hasta te diré, confidencialmente, que hacerlo es una experiencia maravillosa.[26]

---

[25] O sea, los filósofos, pero en este caso también los científicos y los artistas, todos, vamos... No sé cómo voy a salvarme de su ira: tendré que *pensarlo*.

[26] No pensar es la condición natural del ser humano. «Los niños pequeños nunca se concentran, espontáneamente, en nada. [...] En el instante en que limitáis vuestra mente concentrando toda la atención en un objeto en particular estáis empezando a condenaros a no ser conscientes de todo lo demás. Tal limitación es una necesidad existencial. Es un acto tan útil como utilitario, pero sobrevivir no es suficiente; el utilitarismo no basta. Así, cuando hacéis una elección utilitaria, imponiendo limitaciones a vuestra conciencia, le negáis a vuestra mente que traduzca en acto mucho de cuanto tiene en potencia. Ya no usáis la totalidad de vuestra mente. Usáis sólo una parte mínima. El resto —que es la mayor parte— se convierte en inconsciente. Se produce así una separación, una escisión. La mayor parte de vuestra mente se vuelve extraña para vosotros mismos. Os alienáis de vuestro ser. Os convertís en extranjeros de vuestra totalidad. Este inconsciente, esta mente potencial e inutilizada, estará luchando continuamente con el consciente. Ésta es la razón por la que experimentáis conflictos interiores. Todos los seres

Aun así, es suficiente con usar el cerebro sólo en las pocas ocasiones en que puede salvarte y ayudarte a estar mejor: son muchas menos de las que se piensa.[27]

---

humanos viven en una situación conflictiva a causa de esta escisión entre consciente e inconsciente. Sólo si se permite al potencial, al inconsciente, que florezca, se podrá vivir la beatitud de la existencia.» (B. S. Rajneesh, *op. cit.*, pág. 16.)

[27] El pensamiento, en la situación normal de no neurosis, es un hecho relativamente excepcional: sólo se activa en caso de producirse un problema contingente o una acción fallida. Cuando se convierte en algo habitual estamos, incontestablemente, en un estado de neurosis: puede tratarse de una simple huida de la realidad (pajas mentales beneficiosas), sin gravedad alguna si no se alarga mucho, o bien de una reiteración realimentada de un estado de tensión (pajas mentales malignas), caso mucho más grave y, por desgracia, también mucho más difundido. Este discurso es aplicable al hombre/mujer común. Los filósofos, los científicos y los artistas están oficialmente autorizados para pensar inútilmente, entre otras cosas porque de no hacerlo se irían derechos al paro, ¡y ya tenemos bastantes parados! Además, en su caso el pensamiento no es totalmente inútil porque les sirve para tener trabajo. Esto me lleva a hacer una confesión que invalida totalmente la tesis de este libro (¡por fin me libero del sentimiento de culpa que me atenaza por haberlo escrito!). No sólo el pensamiento científico filosófico artístico (es decir, las pajas mentales beneficiosas), aunque sea esencialmente neurótico en cuanto se aplica a problemas que no son ni personales, ni contingentes, ni reales, sino sólo imaginarios, está en la base de todo el progreso tecnológico (es decir, real) de la humanidad, sino que incluso (aquí es donde todos los psiquiatras y psicólogos pueden ir pensando en tirarse de cabeza al cubo de la basura porque resulta que son precisamente ellos, que están siempre tildando de inútiles a los demás, los que son unos perfectos inútiles) son los propios neuróticos los artífices del progreso humano (si Cristóbal Colón no hubiese sido un neurótico perdido no se hubiera pasado la vida tocándole las pelotas a todo el mundo hasta que consiguió largarse a descubrir América, sino que se hubiese quedado en su casa tan tranquilo, follando con su mujer y dándole patadas en el culo a sus mocosos, como todos los maridos normales).

Capítulo cuarto
De por qué nos hacemos pajas mentales

El cerebro

El problema que tenemos que afrontar en este capítulo es el siguiente: si nos causan tanto sufrimiento, ¿por qué seguimos haciéndonos pajas mentales?

Si eres masoquista (y si todavía no has dejado de leer este libro es muy probable que lo seas) puedes saltarte olímpicamente este capítulo porque ya tienes la respuesta: ¡sigues haciéndote pajas mentales precisamente por eso, porque te hacen sufrir muchísimo!

Si te encuentras en la otra categoría (la de los pajeros mentales «normales») la pregunta es tan sumamente seria y la respuesta tan trágica que te conviene anular todas las citas que tengas para hoy, hacerte una tila y sentarte, preparado para lo peor.

Nuestro cerebro se parece a una de esas cajas que las compañías telefónicas ponen por las calles: si las abres, verás dentro de ellas miles de cables que a saber para qué sirven; sólo las compañías telefónicas entienden de qué va el asunto y se cuidan muy mucho de desvelar el secreto.

Cada vez que percibimos algo —el trasero de la señora que está delante de nosotros en el autobús; un recuerdo de la Primera Comunión; el teorema de Pitágoras; alguna duda atroz del tipo: ¿me acuesto con este chico que me gusta tanto, o no?, si lo hago, ¿pensará que soy una puta y me dejará?—[28] parece ser que es porque un grupo de esos cables se *tensa*; es decir, se ven atravesados por una corriente eléctrica.

Ya que, muy probablemente, el Creador es más inteligente que la compañía telefónica (menos mal, porque en caso contrario el mundo sería un caos)[29] y también más astuto (¿también él nos la meterá doblada con los recibos?), nuestra «caja» es un poco más complicada que la de los teléfonos: nuestros cables[30] no se limitan a transmitir corriente eléctrica, también emiten sustancias químicas.[31]

Cuando un grupo de cables[32] de nuestra caja-cerebro se tensa y emite sus simpáticos neurotransmisores (es decir, se *activa*), se lo pasa tan bien haciéndolo que está deseando hacerlo otra vez. Igual que tú cuando te tomas una coca-cola o te pones ciego de patatas fritas. Se trata de la denominada «ley de la inercia», que rige todos los fenómenos del Universo: si no interviene algo que lo modifique, un fenómeno tiende a repetirse hasta el infinito. Gracias al Cielo, o por desgracia me cago en Dios,

---

[28] Esto es sólo aplicable a las chicas, claro está. En el caso de los chicos, la duda es: ¿ésta será de las que follan, o no?

[29] ¡Ah!, ¿pero el mundo no es un caos?

[30] Los científicos los denominan *neuronas*.

[31] Denominadas *neurotransmisores* por los científicos. Si quieres saber más sobre el asunto de las neuronas y los neurotransmisores, o sea, si quieres hacerte una buena paja mental (beneficiosa), lee cualquier obra de divulgación sobre el cerebro, una de ésas que podrás entender perfectamente aunque no sepas nada de química, de biología, de medicina, de neurología, etc., vamos, aunque no sepas absolutamente nada de nada, como será tu caso: por ejemplo, la ya citada de R. Ornstein y R. Thompson, *Il cervello e le sue meraviglie*.

[32] *Circuito neuronal*.

en el Universo se producen un montón de fenómenos y todos interfieren unos con otros: por eso el Universo es tan variado (suprema astucia del Creador).[33]

En nuestra caja-cerebro la ley de la inercia se muestra especialmente activa. Esto se debe a que cuanto mayor es la tensión[34] de un circuito neuronal, más tiempo emplea la corriente eléctrica en atravesarlo, es decir, más tarda en devolverlo a la condición de neutralidad eléctrica (ausencia de pensamiento). No he empleado casualmente el término *tensión* al hablar del estado emocional del *miedo*, esa puesta en marcha de tu sistema de alarma cuando sientes que algo te amenaza, porque el miedo es precisamente la tensión eléctrica que se genera entre los cables de uno de los circuitos de tu caja-cerebro.

Por eso nuestros pensamientos, especialmente aquellos cuyo contenido es algo que nos preocupa o nos asusta, tienden a volver a nuestro cerebro hasta convertirse en una obsesión.

¿Él te ama realmente o sólo quiere echar un polvo?

¿Te pone ella los cuernos?

No paras de darle vueltas a la cabeza.

Ésta es la dinámica de la paja mental.

Tiende a repetirse, como un idiota (o un profesor).

Un bonito ejemplo de máquina que se retroalimenta casi de forma permanente.

Lo increíble es que:

---

[33] Un refrán popular (¿existen refranes que no sean populares?) genovés reza que: «U mundu u l'è bellu perchè u l'è avariou.» [«El mundo es hermoso porque es *avariou*.»] El término *avariou* (pronunciado como se escribe) significa *variado* y, también, *averiado*, *estropeado*: genial ambigüedad de la sabiduría popular.

[34] Diferencia de potencial eléctrico entre los dos extremos de las neuronas.

El pensamiento se produce con independencia de nuestra voluntad.

Tú no quieres seguir comiéndote el tarro con que si él te quiere o sólo pretende echar un polvo, o con que si ella te pone los cuernos o no, pero lo haces.

Sigues pensando en ello aunque no quieras.

Es más, querrías apartar esa idea de tu cabeza porque te hace sufrir.

Pero no puedes hacerlo.

En otras palabras, tu pensamiento es completamente *automático*.

Tú no eres el/la autor/a de tu pensamiento.

Tú pensamiento se genera solo, como la adrenalina, el colesterol y el pis.

¿No te lo crees?

Tranquilo/a, es algo totalmente natural, a todo el mundo le pasa.

Para convencerte, haz este experimento.

Cierra durante unos segundos este libro e intenta ordenarle a tu cerebro que deje de pensar.

Luego, cuando hayan transcurrido esos pocos segundos, vuelve a abrir el libro y sigue leyendo.

....

¿Has visto?

Tu cerebro ha pasado olímpicamente de obedecerte.

Ha seguido pensando por su cuenta.[35]

---

[35] Si, en cambio, te ha obedecido, eso quiere decir que eres un yogui, y ya me dirás qué diablos hace un condenado yogui con mi libro. ¿Espionaje indus-

¿Qué significa eso?

Pues lo que te he dicho antes, que *el pensamiento se produce automáticamente, con independencia de tu voluntad.*

Esta afirmación es de una gravedad tal que debe ser ampliamente sopesada y discutida.

Es más, supone un *descubrimiento capital* en la vida de un ser humano.

A partir de ese momento, si es inteligente, dejará de tomarse en serio sus propios pensamientos.

Ya tenemos cuanto es preciso para que les dé un síncope a los científicos, los filósofos y los artistas: en sus logros no hay una pizca de mérito propio.

En realidad, es nuestro *inconsciente* el que produce nuestras creaciones.

Tenemos grabado tal cantidad de datos en nuestro cerebro que hasta el más tonto del pueblo podría descubrir la teoría de la relatividad.[36]

---

trial? Déjalo enseguida y ve a hacerte una muka bhastrika (pero una muka, ojo: la idea de un yogui haciéndoselo con una vaca [mucca en italiano] me pone los pelos de punta: no sé cuál de los dos estaría cometiendo una perversión mayor, si el yogui o la vaca). En cualquier caso, el yogui que ha dejado de pensar ordenándole sencillamente a su cerebro que lo haga ha chafado todo el experimento, cuya finalidad era demostrar cómo el cerebro trabaja por su cuenta y pasa olímpicamente de ti (ya me encargaré yo de que reciba su justo castigo). Si, por el contrario, oh adorado lector mío, eres una persona normal y tienes en dotación un normalísimo cerebro neurótico fabricado en serie, que produce por su cuenta pensamiento ansioso o depresivo a 78 revoluciones por segundo, continúa leyendo mi libro con la conciencia tranquila: no has jodido nada.

[36] Que el pensamiento intuitivo se produce espontáneamente es algo que ya habían descubierto los antiguos griegos quienes hacían recaer en las divinidades la responsabilidad de sus «raptos» de pensamiento poético o adivinatorio.

Traducirla al lenguaje matemático ya es otro asunto, por supuesto.

Ahí sí que interviene la voluntad.

El pensamiento, como todas nuestras restantes funciones, puede ser voluntario o involuntario.

¿Qué proporción es voluntaria?

El hecho de que seamos conscientes de nuestro pensamiento no quiere decir que éste sea voluntario.

Sólo cuando pensamos voluntariamente en algo —y esto sólo lo hacemos cuando estudiamos, cuando leemos o cuando nos aplicamos voluntariamente a solucionar un problema real— nuestro pensamiento es realmente voluntario.

Pero, ¿cuántas veces hacemos eso a lo largo del día?

El resto es pensamiento involuntario.

O sea, casi todo.

Nuestro cerebro no sólo construye casi todo nuestro pensamiento sino que, además, mediante él construye nuestro universo y nuestra vida.

En nuestro cerebro está contenido todo nuestro universo.

Pajas mentales incluidas.

Por eso nos hacemos pajas mentales.

Porque se las hace nuestro cerebro.

No somos nosotros quienes nos las hacemos.

Las pajas mentales se producen ellas solas.

Los dos mundos

Existen dos mundos: el *mundo de la mente* y el *mundo de la realidad*. El siguiente gráfico aclara la dinámica que existe entre ellos.

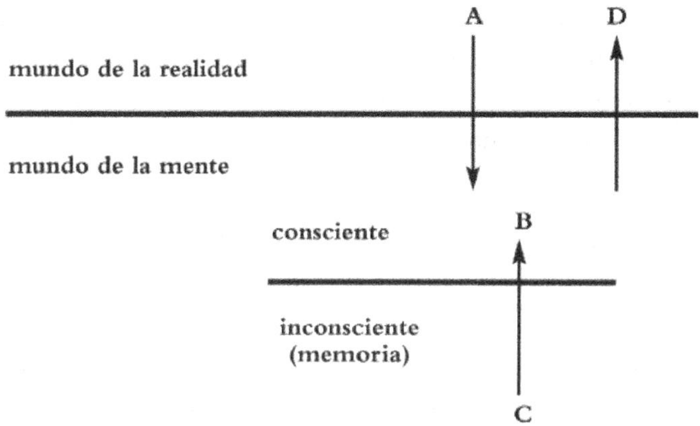

A cada objeto o hecho **A** del mundo de la realidad percibido por nuestro consciente nosotros le atribuimos *normalmente* un *significado* **B**, basándonos en un análogo objeto o hecho **C** grabado en nuestra memoria inconsciente, con el que lo comparamos.

Es **B** y no **A** el que determina nuestro comportamiento **D**.

Como se puede apreciar claramente por el gráfico, **A** y **D** pertenecen al mundo de la realidad, **B** y **C** pertenecen al mundo de la mente.

Como se ve, se trata de objetos o hechos *completamente distintos*.

En otras palabras, nosotros no tenemos normalmente una representación objetiva de la realidad sino, únicamente y para siempre, una *representación subjetiva* de la misma, derivada del *condicionamiento* de una *experiencia precedente*, grabada en nuestra memoria.

Este proceso lo descubrió, ya hace más de dos mil años, la psicología oriental y forma parte de la tradición hindú, sobre todo de la yogui[37], con el nombre de *ley del Karma.*[38]

Freud nos lo redescubrió a los occidentales a principios del siglo XX.

Lo que resulta evidente es que los dos mundos, el de la realidad y el de la mente, son *distintos* y están *separados*, desde el momento en que contienen objetos y hechos distintos y separados entre sí.

Dicho banalmente:

El mundo de la realidad es real.
El mundo de la mente no es real.

Para ver la realidad tal y como es tendríamos que dejar de pensar, es decir, dejar de estar condicionados por nuestra memoria.[39]

---

[37] Véase G. C. Giacobbe, *La psicologia dello Yoga. (Lettura psicologica degli Yoga Sutra di Patanjali)*, ECIG, Génova, 1994. ¡Por fin he conseguido citar un libro mío! Porque es una falacia eso de que citarse a sí mismos sea el último cartucho de los escritores fracasados: sólo se trata de un sistema baratísimo para hacerse publicidad uno mismo cuando no te la hace nadie. El problema es que, para que funcione, alguien tiene que haberse leído previamente un libro tuyo. Así pues, mi temerario y noble lector, recibe todo mi reconocimiento y mi admiración. ¡Esparce la semilla de Giacobbe! (en sentido figurado, claro está; del sentido literal ya me encargo yo).

[38] Karma significa experiencia: se trata de la función condicionante de las experiencias precedentes grabadas en la memoria.

[39] «La verdad nunca está en el pasado. La verdad del pasado son las cenizas de la memoria; la memoria procede del tiempo y en las muertas cenizas del ayer no hay verdad. La verdad es algo vivo, pero no sólo en la esfera del tiempo.» J. Krishnamurti, *La sola rivoluzione*, Astrolabio, Roma, 1973, pág. 11.

Esto sólo se consigue alcanzando una capacidad de control mental suficiente como para no estar completamente condicionados por nuestros propios pensamientos. Algo que sólo un Buda es capaz de hacer.[40]

Normalmente estamos completamente condicionados por nuestro pensamiento, no sólo porque alteramos la lectura de la realidad, sino, sobre todo, porque estamos tan inmersos en nuestros pensamientos que la realidad no la vemos siquiera.

Lo trágico del asunto radica en que vivimos normalmente en el mundo de nuestra mente y no en el mundo de la realidad, y que esto va en aumento cuanto más sufrimos de *neurosis*.

Y los objetos del mundo de nuestra mente no son reales, son *creaciones fantásticas de nuestra mente.*

Que nosotros tomamos, trágicamente, por reales.

Éstas son la base y la materia de nuestro sufrimiento.

Las *pajas mentales*, sin ir más lejos.

[40] No pierdas la esperanza. Precisamente, ahora mismo estoy escribiendo un libro que se titulará *Cómo convertirse en Buda*. Se publicará en breve.

Capítulo quinto
De por qué no conviene hacerse pajas mentales

Este capítulo, al igual que el anterior, pueden saltárselo entero los masoquistas, ya que ellos disfrutan haciéndose pajas mentales y, por lo tanto, les importa un rábano saber por qué no es conveniente hacérselas.[41]

Pero si eres un/a vulgarísimo/a pajero/a mental, y no un/a maldito/a masoquista, es de suponer que estarás interesadísimo/a en saber por qué es conveniente dejar de hacerse pajas mentales.

Aquí podría darte un tirón de orejas hasta Perogrullo,[42] ¿no crees?

Es conveniente porque las pajas mentales, sobre todo las malignas, te hacen sufrir.

De hecho, las pajas mentales, como ya hemos visto, no son otra cosa que la reproducción automática de pensamientos

---

[41] Ahora que caigo, como siga aconsejándole a los pobres masoquistas que se salten páginas y más páginas del libro, van a terminar no leyendo ni una línea. Y eso no es justo: ¿por qué unos tanto y ellos tan poco? ¿Pues sabéis qué os digo, queridos masoquistas míos? Que os lo leáis entero vosotros también; es más, leedlo dos veces, ¡seguro que así reventáis de placer!

[42] Por cierto... ¿Sabrías decirme quién fue Perogrullo? ¡¿No?! ¡Pues búscalo en una enciclopedia, que para eso están! (¡Ay, ay! ¡Qué mal que estamos de cultura general!)

portadores de tensión —es decir de *sufrimiento*—, generada por un estado de *miedo*, o sea, de alarma ante algo que nuestro cerebro considera peligroso para nosotros y que, generalmente, no es algo real, sino *simbólico*.

Si quieres dejar de sufrir y disfrutar de la vida, tienes que dejar de hacerte pajas mentales.

Salvo que seas un/a maldito/a masoquista, habrás comprendido a la perfección el razonamiento.

Fin del capítulo (breve, ¿verdad? ¡Qué de puta madre!).

Capítulo sexto
De cómo no hacerse pajas mentales

Prologuillo[43]

La lectura de este capítulo sólo esta aconsejada para los lectores que no sean neuróticos, que serán poquísimos, claro.[44]

A los lectores neuróticos (en especial a los obsesivos,los ansiosos y los depresivos, es decir, a todos) les aconsejo que consulten directamente el Apéndice: «Qué puede hacer un pobre neurótico (si es obsesivo, mejor) para dejar de hacerse pajas mentales.»

¿Por qué?

Pues porque para poner en práctica las técnicas descritas en este capítulo es imprescindible no tener ya el cerebro completamente fundido.

Si estás leyendo este libro lo más probable es que seas un neurótico; en caso contrario, si te sientes en la gloria y eres feliz, ¿qué narices haces leyéndolo?

---

[43] Lo he llamado así para que el prólogo que encabezaba este libro no sufra al darse cuenta de que no es el único en el mundo. Así son los prólogos: megalómanos y muy, pero que muy, susceptibles.

[44] En el ámbito del subgrupo humano formado por los lectores de este libro (uno de los más exiguos de toda la historia de la estadística sociocultural mundial), ninguno. Así pues, este capítulo (y, consecuentemente, todo este libro) no lo he escrito para nadie, es decir, que lo he escrito para nada. Tengo la moral por los suelos...

Lo más probable es que seas un obsesivo: sólo un neurótico obsesivo como tú puede comprar un libro como éste.

Sin embargo, seguro que estás convencido de que no lo eres; es más, me apuesto lo que sea a que te agarras un cabreo de mil diablos cuando alguien te llama neurótico.

Pues bien, si ahora mismo tienes un cabreo de mil diablos... ¿qué más pruebas necesitas para convencerte de que eres un neurótico?

Si, en cambio, tienes tus dudas, pide hora con un psicólogo y analiza con él cómo están las cosas.[45]

Aunque, pensándolo bien, creo que si eres un neurótico como Dios manda (y más un neurótico obsesivo) te cuidarás mucho de seguir mis consejos y no sólo seguirás leyendo este capítulo, sino que disfrutarás como un enano llevándome la contraria para tenerlo todo bajo control, sin dejar ninguna zona oscura en el mundo que te rodea.

Si eres un depresivo, escucha mis palabras: ¡ánimo, chaval!, haz un esfuerzo y échate al coleto este capítulo, total, a ti te da absolutamente igual leer uno u otro.

Además, lo que es por mí, como si te pegas un tiro.

Si quieres hacerme un corte de mangas y dejar para luego lo de pegarte un tiro, me consolaré pensando que lo mismo tienes por delante unos cincuenta años de intensos sufrimientos antes de que decidas quitarte por fin de en medio (a los depresivos, sabe Dios por qué, les hace sufrir la idea del suicidio, cuando para ellos debería ser una bendición).

Resumiendo: convencerme a mí mismo de que, quizá, sí que exista alguien dispuesto a leerse este maldito capítulo ha

---

[45] Si luego descubres que estás sanísimo y que el neurótico es él, eso significa que tu psicólogo es un perfecto incompetente: su capacidad de persuasión, en una escala del 0 al 10, vale –20.

hecho que mi moral remonte hasta alcanzar, por lo menos, la altura del cinturón.

Ya puedo presentarme delante de las señoras sin que éstas empiecen a dar gritos a mis espaldas (o mejor, frente a mí) fingiendo que están escandalizadas.

Éste es un ejemplo de paja mental beneficiosa.

La depresión

Este es el apartado más importante del libro.

Es más, podrías haberte ahorrado la lectura de los anteriores.

Me dirás, y con razón: ¡cojonudo!, ¿y me lo dices ahora?

Qué quieres que te conteste: así es la vida.

Siempre descubres que podrías haberte ahorrado hacer algo cuando ya lo has hecho.

Por otra parte, es lógico: ¿cómo narices vas a saber que podrías no haber hecho algo antes de hacerlo?

Yo soy el primero en darse cuenta, ¡ahora!, de que todo lo que llevo escrito no es tan importante como lo que me dispongo a escribir.

Sobre este asunto conviene hacer dos consideraciones.

La primera, este juicio sólo es válido si lo referimos al *pasado*.

Cuando el pasado era *presente* este juicio no era válido porque entonces sí me parecía muy importante decir todo lo que estaba diciendo.

Este razonamiento, aparentemente inútil, te lo he hecho porque es muy frecuente envenenar el presente con juicios negativos sobre el pasado, con el consiguiente resultado: deprimirse por los hipotéticos errores cometidos.

Éste es otro ejemplo típico de paja mental.

Es posible que hayamos cometido un error, pero seguro que no fue tan gordo como el que estamos cometiendo ahora: deprimirnos en vez de extraer una enseñanza.

La segunda consideración es la siguiente: alguna importancia tenía que tener cuanto he dicho antes, desde el momento en que he sentido necesidad de hacerlo.

Ésta es una forma provechosa de vivir la realidad: hay que descubrir en el presente los aspectos positivos del pasado.

Ver, y lo que es peor, detenerse sólo en los aspectos negativos del pasado equivale a pensar en cosas que no tienen relación alguna con la realidad; o sea, es lo mismo que hacerse pajas mentales.

Y estas pajas mentales, que son especialmente *malignas*, conducen, a la larga, a un resultado terrible, que equivale a un suicidio: la *depresión*.

La depresión es nuestro mayor enemigo: no sólo nos hace sufrir, sino también enfermar y morir.

El siguiente gráfico aclara el asunto.

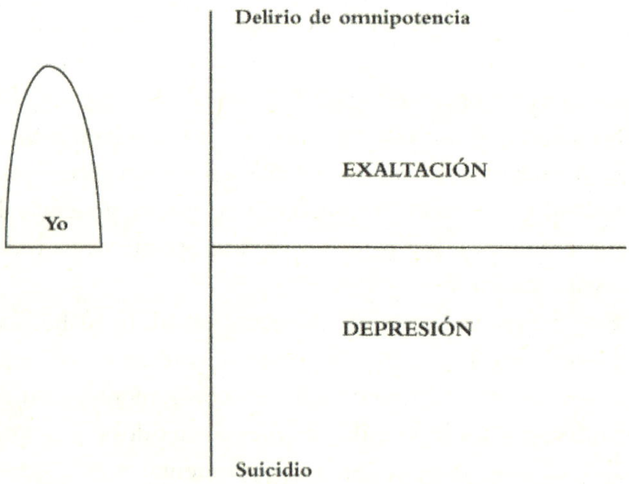

Para que estemos bien, gozando de buena salud psíquica, es preciso que el cohete del Yo se encuentre en la zona de *exaltación.*

Cierto, en la cúspide de la exaltación se encuentra el delirio de omnipotencia.

Pero, tranquilo, éste no es tu caso; si lo fuera, yo habría oído ya hablar de ti y tú, muy probablemente, ya me habrías obligado a secuestrar este libro.[46]

El hecho es que el cohete del Yo es pesado y que, como todas las cosas pesadas, tiende a ir hacia el suelo (como saben perfectamente los impotentes)[47], o sea, hacia la *depresión.*

Freud llamó a este hecho el *instinto de Tánatos* (muerte).

Tendemos naturalmente hacia la depresión, no hacia la exaltación, sobre todo a partir de los veinticinco años, cuando se inicia el catabolismo celular, es decir, cuando el número de células que mueren comienza a ser superior al de células que nacen.

Por lo tanto, es preciso que nos defendamos con uñas y dientes de la depresión si queremos sentirnos bien.

Hay que estar dispuestos a hacer lo que sea, hasta a cometer la mayor canallada, para no caer en las garras de la depresión.

Lo importante es mantener nuestro Yo en la zona de exaltación.

No nos vendría mal hacer de vez en cuando un cursillo intensivo sobre «Cómo convertirse en Adolf Hitler en cuatro lecciones».

---

[46] ¡Cielos!, ahora que lo pienso... ¿No serás, ÉL, verdad? ¡Estoy acabado! ¡Piedad!

[47] Por cierto, no existen impotentes, sino hombres que se creen que lo son y terminan siéndolo de verdad.

Total, nadie conseguiría llegar a la cuarta lección (y, mucho menos, convertirse en Adolf Hitler: ¿quién tendría el valor de ir por la vida con ese ridículo bigotillo debajo de la nariz?).

Ya que las pajas mentales malignas son la causa principal de la depresión, el asunto más importante, ya en el terreno práctico, es el siguiente: ¿cómo dejar de hacerse pajas mentales (malignas)?

Es decir, ¿cómo dejar de caer en un estado cercano a la paranoia cada vez que nuestro cerebro decide que algo supone una amenaza para nuestra integridad simbólica?

¿Cómo dejar de pensar en cosas (consideradas como una amenaza) que no tienen relación con la realidad?

En general, ¿cómo se puede dejar de pensar en algo?

Estas preguntas cruciales nos obligan a contestar antes a otras dos.

La primera es la siguiente: ¿estamos realmente capacitados para dejar de pensar, así, de golpe y porrazo, en algo?

La respuesta es: sí.

La segunda pregunta es: ¿y cómo se hace eso?

La respuesta la encontrarás en este capítulo (incitación subliminal a que sigas leyendo el libro).

La presencia mental

Al llegar a este punto, te sugiero que hagas una pausa e intentes despejarte un poco.

Una ducha con agua fría, por ejemplo, te sentaría de maravilla.

Un paseo desde tu casa hasta las afueras también te vendría muy bien.

Si resulta que vives en las afueras y que, además, te han cortado el agua, la verdad, ya no se me ocurre qué decirte...

Quizá te venga bien ir a la piscina y tirarte a bomba (pero en ese caso, ¡recuerda!, con la forma reflexiva del verbo *tirar* siempre hay que andarse con mucho ojo... ¿Cuántos años tiene *Bomba*? ¡Cuidado, no vaya a ser menor de edad!). No sé, haz lo que te dé la gana... Eso sí, luego no te quejes si te cuesta concentrarte en la lectura.

Porque las líneas que siguen exigirán toda tu concentración.

Suponiendo que estés listo/a para continuar leyendo, con la mente tan ágil y lúcida como la navaja de afeitar de Ockham (no, Ockham no es el nombre de mi barbero, ¡pedazo de bestia!)[48], aquí tienes el discurso que te permitirá alcanzar la meta soñada: dejar de hacerte pajas mentales (porque lo que estás intentando no será hacerte otra paja mental, ¿no?).

En *Vida de Siddharta, el Buda*[49], escrita por Thich Nhat Hanh a partir de los textos canónicos redactados en pali y en chino, figura este claro y sencillo pasaje (tan claro y sencillo que está dirigido a los niños: ¿ya más tranquilo?, ¡ánimo, seguro que hasta tú lo entiendes!).

Con esto, se te ha acabado la excusa de que no entiendes el budismo porque es demasiado «esotérico».

> Sois niños inteligentes y estoy seguro de que sabréis llevar a la práctica lo que os voy a decir.

---

[48] Consulta en N. Abbagnano, *Storia della filosofia*, vol. I, UTET, Turín, 1963, págs. 623-642. Y ya que estás desasnándote, ¡léete los tres tomos (unas 2.156 páginas), que no te vendrá mal!

[49] La traducción italiana está publicada por Astrolabio, Roma, 1992.

El Gran Camino que he descubierto es sutil y profundo, pero todo aquel que esté dispuesto a comprometer su corazón y su mente estará capacitado para entenderlo y seguirlo.

Niños, cuando se pela una mandarina podemos comérnosla distraídamente o con plena conciencia de lo que hacemos.

¿Qué significa comerse una mandarina conscientemente?

Que cuando os coméis una mandarina, sabéis que os la estáis comiendo. Degustáis plenamente su fragancia y su dulzor.

Que cuando peláis una mandarina, sabéis que la estáis pelando; al separar un gajo y acercarlo a la boca, sabéis que lo estáis separando y acercándolo a la boca; al degustar la fragancia y el dulzor de la mandarina, sabéis que estáis degustando su fragancia y su dulzor.

Niños, ¿qué significa comerse una mandarina inconscientemente?

Que cuando os coméis una mandarina, no sabéis que os la estáis comiendo. No degustáis su fragancia y su dulzor.

Que al pelar una mandarina, no sabéis que la estáis pelando; al separar un gajo y acercarlo a la boca, no sabéis que lo estáis separando y acercándolo a la boca; al degustar la fragancia y el dulzor de la mandarina, no sabéis que estáis degustando su fragancia y su dulzor.

Obrando así, no podéis apreciar la preciosa y maravillosa naturaleza de la mandarina.

Si no sois conscientes de que os la estáis comiendo, la mandarina no es real.

Si la mandarina no es real, tampoco es real aquel que se la come.

He aquí lo que significa comerse una mandarina inconscientemente.[50]

¡Ése es el secreto!

Para dejar de hacerse pajas mentales es necesario concentrar la atención en lo que se está haciendo, en lo que está sucediendo, en el mundo que nos rodea.

¡Dejar de pensar!

¡Dejar de machacarse el cerebro con pensamientos malignos!

¡Dejar de hacerse pajas mentales!

Me dirás: ¡gran descubrimiento!

¡Para dejar de hacerme pajas mentales tengo que dejar de hacerme pajas mentales!

Si fueses culto/a[51], me dirías: ¡pero eso es una tautología!

Eres injusto/a.

Si te fijas bien, te darás cuenta de que yo no te he dicho, simplemente, que dejes de hacerte pajas mentales, sino que también te he explicado *cómo* dejar de hacértelas.

Cierto, para conseguirlo tienes que realizar un acto de voluntad.

Pero te he indicado hacia dónde tienes que dirigir ese acto de voluntad.

---

[50] *Ibídem*, págs. 90-91.

[51] Este asunto del lector/a culto/a es una paja mental que no me deja tranquilo: ¿conseguirá mi pobre libro interesar al público culto o sólo llegará a las grandes masas? (Eso sí, que conste que si las grandes masas están compuestas por señoras todavía de buen ver, por mí estupendo.)

Tu voluntad tiene que poner en funcionamiento tu *atención.*

Lo único que tienes que hacer es, sencillamente, dirigir tu atención hacia *aquello que estás haciendo.*

Esto es lo que Buda llama *presencia mental.*

La presencia mental es el secreto para dejar de hacerse pajas mentales.

Por lo tanto:

La presencia mental en la realidad es el secreto para disfrutar de la vida.

Si eres consciente de las cosas que haces y de las que te rodean, las disfrutas.

Naturalmente, esto, como tantas cosas en la vida, es muy fácil decirlo, pero muy difícil hacerlo.

Pero existe una forma para conseguirlo, una técnica.

Precisamente, la técnica de la que voy a hablarte en las siguientes páginas.

El mundo

Llegados a este punto, podría decirte lo mismo que, probablemente, ya le dijo el Creador a quienes le insinuaron que siete días para crear el mundo eran demasiados: «¡No me metáis prisa, coño!».

Las cosas importantes llevan su tiempo.

Para alcanzar la presencia mental tienes que atravesar tres fases prácticas.

La primera es la que te voy a describir en este apartado. La segunda es la que te describiré en el apartado titulado «El cuerpo»; la tercera en el titulado «La mente».

La primera fase consiste en concentrar tu atención *en el mundo material que te rodea.*

O sea, en la *realidad.*

Si concentras tu atención en un hecho o un objeto, éstos se hacen reales para ti, como explica Buda.

Y no sólo eso: adquieren un particular relieve, los ves, nítidamente, en toda su singularidad y su belleza, los saboreas y los disfrutas.

Si mientras paseas por la calle alguien te sonríe, pero este hecho resbala sobre tu conciencia como el agua sobre el ala de una gaviota, sin que llegues siquiera a darte cuenta de que ha sucedido, esa persona y esa sonrisa no han existido para ti.

Y, de la misma forma en que esa persona no ha existido para ti, tú no existes para ella.

Y si toda tu vida transcurre así, corres hacia la muerte sin observar nada realmente, sin vivir nada realmente, sin disfrutar de nada realmente.

Como si no existieras.

Pero si te detienes a observar, a vivir conscientemente, con presencia mental, cada instante, cada segundo, cada persona, cada objeto, cada situación de tu vida, podrás decir que has vivido realmente, que has tenido una presencia real en tu mundo, en tu tiempo, que has existido realmente, que no has sido sólo un fantasma que ha cruzado por la vida sin dejar huella alguna.

Si diriges tu atención hacia el mundo que te rodea, descubrirás que éste contiene un sinfín de maravillas en las que nunca habías reparado, absorto/a como estabas en tus pajas mentales.

Empieza desde este mismo instante.

Observa el mundo que te rodea.

Observa los objetos, las personas, uno por uno y una por una, atentamente, con calma.[52]

No tengas prisa, no tienes que obtener absolutamente nada, no tienes que buscar absolutamente nada.

Sólo observa.

Nada más que eso.

Sé completamente pasivo/a.

Eres un observador/a.

Eres sólo una *conciencia* que graba cuanto ve.

Pero pronto descubrirás que estás haciéndote partícipe de la realidad, que eres parte de esos mismos objetos que estás observando.

Estás empezando a verlos tal y como son en la realidad, sin alterarlos con las interpretaciones de tu mente.

¿Por qué?

Porque cuando observas, cuando observas de verdad, con atención, participativamente, dejas de pensar.

Dejas de hacerte pajas mentales.

Nuestro cerebro, normalmente, funciona como el microprocesador de un ordenador: puede ser rapidísimo (aunque nunca tanto como un ordenador), pero normalmente no pue-

[52] Esto significa que, como primer paso, tienes que tirar este libro por la ventana (lo que podría animar a leérselo al infeliz al que le caiga en la cabeza, aunque sólo sea por curiosidad: como forma de difusión del hábito de la lectura, no está mal; es original, por lo menos). Como esto me parece un poco precipitado (lo tirarás con más satisfacción cuando hayas terminado de leerlo), vamos a hacer como si lo que te estoy contando fuera falso (quizá ya te hayas dado cuenta de que todo ha sido así desde un principio) y que sólo empezará a ser verdadero en cuanto pases a la acción.

de procesar más de un dato (concepto, imagen, emoción, sensación) a la vez.

Probablemente, en nuestra caja-cerebro sólo se activan algunos circuitos a la vez.

Somos, sí, capaces de activar muchos a la vez, pero sólo en casos excepcionales: es lo que se denomina *intuición*, pero de eso te hablaré más adelante.

Por ahora, que se quede en un aparte.

Estábamos en que, si te concentras en el mundo que te rodea, dejas de activar tus pensamientos.

Prueba a hacerlo, si no me crees.

Cierto, no puedes mantenerte mucho tiempo en este estado de vacío mental, de participación de la realidad.

El pensamiento, el pensamiento automático que la tensión que está dentro de ti empuja hacia fuera traduciéndose en necesidad de movimiento, en un intento de descargar esa tensión, retorna a su corriente inicial, te vuelve a conducir a un estado de inconsciencia, de desconocimiento de la realidad, porque cuando estás cautivo/a por la corriente de tu pensamiento estás igual que si te arrastrara la corriente de un río: no puedes disfrutar del paisaje que te rodea, éste huye de tu vista, fugaz, desenfocado, apenas sí entrevisto.

Pero podrás volver a observar cada vez que quieras hacerlo.

Ya sabes cómo hacerlo, ya has aprendido.

Bastará con que dirijas tu atención hacia el mundo que te rodea y dejes de buscar, de desear, de actuar.

Con que observes y punto.

Con convertirte en las cosas, las personas, las situaciones, el mundo, la *realidad*.

Es como salir de la corriente impetuosa del río y sentarse en la orilla para observar con calma, con atención, con amoroso interés, el paisaje que te rodea, incluidas las aguas del río que continúan fluyendo, impetuosa e inconscientemente.

Según una antigua paradoja de Zenón de Elea, si el tiempo corre no existe, porque el instante, si no se puede detener, no es: apenas se inicia ya ha terminado.

Para nosotros ésta es una verdad *existencial.*

Estamos cautivos, inmersos y ensimismados en nuestro pensamiento, y éste, al ser, como el fluir imparable del tiempo, un continuo *devenir,* en realidad no existe, no existe en la conciencia del existir, que no puede ser devenir, sino *ser.*

La existencia sólo se aprehende cuando la corriente del pensamiento se detiene, cuando el pensamiento calla, cuando en nuestro interior se hace el silencio, el silencio desde el que al fin vemos la realidad, somos la realidad, porque hemos salido del mundo blindado de nuestra fantasía y de nuestro aislamiento mental.

Vemos la realidad cuando en nuestro interior se produce el *silencio interior.*

En Oriente a este hecho se le llama, tradicionalmente, *meditación.*

Como la meditación es muy importante, en el terreno práctico, para dejar de hacerse pajas mentales, le he dedicado el siguiente apartado.

La meditación

El silencio interior se ha denominado, tradicionalmente, *meditación.*[53]

---

[53] El término *meditación* pertenece a la cultura occidental y se ha em-

> No es un silencio que el observador pueda experimentar. Si vive la experiencia y la reconoce como tal ya no se trata de *silencio*. El silencio de la mente meditativa no se encuentra dentro de los límites de la individualidad porque este silencio no conoce los límites. Sólo existe el silencio, en el que desaparece el espacio de la división.[54]

Aprende a practicar la meditación.

La meditación, en la tradición oriental, consiste en dejar de pensar y, por lo tanto, de identificarse con el Yo, y en condensar nuestra original y auténtica consistencia psíquica: la *conciencia*.

Empieza por un sencillo ejercicio: observar lo que te rodea. Tienes que ser capaz de quedarte tranquilamente en una habitación y de entretenerte descubriendo todos sus aspectos.[55]

---

pleado tradicionalmente en el ámbito religioso para indicar la práctica, fundamentalmente monacal, de dirigir voluntariamente el pensamiento hacia pensamientos *edificantes*, como los misterios de la fe, las enseñanzas de Cristo, la vida de los santos, etc. La práctica oriental del *silencio mental,* muy distinta de la de la meditación, se ha denominado con este término por la similitud que guardan ambas exteriormente. En realidad, hablando con propiedad, debería llamarse *contemplación*. Al ser *meditación* el término de uso más frecuente en el habla, lo mantenemos.

[54] J. Krishnamurti, *La sola rivoluzione, op. cit.*, pág. 17. Esta nebulosa descripción (ni más ni menos nebulosa que todas las descripciones orientales de la meditación), que he citado como homenaje al único libro que, a mi entender, consigue describir el zen, significa simplemente que en el silencio (o en el vacío) mental, en el que el pensamiento calla y sólo existe la presencia de las sensaciones y de la conciencia de la existencia, se elimina también la identificación con el Yo, es decir, la conciencia de la individualidad, característica del pensamiento. El acto de la observación se convierte, así, en algo esencialmente *impersonal*.

[55] Éste es un test decisivo para diagnosticar la neurosis. Si no eres capaz de permanecer durante una hora observando tranquilamente una habitación,

Luego intenta desconcentrarte.

Es decir, deja de concentrar tu atención en algo en particular.

Ya has vivido esta experiencia: la ausencia de concentración es el primitivo estado natural del hombre. Por eso es típica de los niños.[56]

Concédele unas vacaciones a tu imaginación.

Desenfoca tu mirada.

Deja que tu mente vaya a la deriva.

Para conseguirlo tienes que volverte completamente *pasivo/a*, tienes que convertirte en un/a mero/a *observador/a* de cuanto te rodea, de tu cuerpo, de tus sensaciones, de tus pensamientos, de todo lo que aparece ante tu conciencia, sin seleccionar, sin desear, sin rechazar, sin juzgar.[57]

La práctica de la meditación hará nacer en ti una gran virtud: la *aceptación*.

---

es más, llega un momento en que empiezas a increparte a ti mismo: «¿Pero qué narices hago yo aquí, encerrado/a en una habitación y perdiendo el tiempo como un/a idiota por hacer caso de las gilipolleces del cretino ese que ha escrito un libro sobre las pajas mentales?», quiere decir que eres un/a neurótico/a. En tal caso, te aconsejo que vengas a verme: ¡ya te enseñaré yo, maldito/a neurótico/a, porque eso es lo único que eres, un/a neurótico/a de mierda, a pasarte una tarde entera mirando una habitación! ¡Y sin oírte una queja!

[56] «Los niños, de forma natural, no se concentran en nada. Su conciencia está abierta a todas las direcciones. Todo se acoge y nada se excluye. El niño está abierto a todas las sensaciones; su conciencia no rechaza cosa alguna.» (B. S. Rajneesh, *Meditazione dinamica, op. cit.*, págs. 15-16.)

[57] Volverse pasivos y contemplativos es algo que nos resulta muy difícil a los occidentales. Esto obedece a que tenemos el mito de la *productividad* (una auténtica paja mental). Aunque hay excepciones: los napolitanos, por ejemplo.

Descubrirás que la aceptación es *amor.*

El amor, el amor universal del que hablaba Buda, nacerá y vivirá en ti espontánea, naturalmente.

Los demás lo percibirán en ti y toda tu vida cambiará.

Vivirás *en* la felicidad, que es satisfacción y amor.

Cuando hayas aprendido a crear el silencio dentro de ti, a observar sin pensar, a convertirte en las cosas, las personas, el mundo que te rodea, la realidad; cuando tú mismo/a te hayas convertido en realidad; cuando te hayas liberado de la tensión a la que te empuja el tener que actuar, obtener, lograr, realizar, conquistar, construir... Entonces, y sólo entonces, podrás recomenzar a actuar *conscientemente.*

Sólo si te has convertido en pasividad, pasividad absoluta, podrás ser, conscientemente, actividad, creación.

Porque la actividad que no participa de la pasividad, la penetración que no participa de la recepción, es inconsciente, no existe en la conciencia.

Entonces comenzarás a vivir según las enseñanzas de Buda, a ser consciente de cada uno de tus actos, de cada una de tus interacciones con el mundo.

La misma conciencia, el mismo acto pasivo de la observación, el mismo silencio que has experimentado en la meditación, en la observación del mundo que te rodea, los experimentarás cuando actúes, incluso cuando lleves a cabo tus acciones más intensas, más apasionadas, más fulminantes.

Existirán dos planos de energía dentro de ti.

Uno, el de la acción, la actividad, la penetración en el mundo.

Es tu parte masculina.

El otro será el de la observación, la pasividad, la aceptación del mundo.

Es tu parte femenina.

La que complementa a tu parte masculina y la enriquece.

Porque es *consciente*.

Si vives contemporáneamente en los dos planos de energía, vivirás con plenitud tu vida, te realizarás en el mundo, tu presencia en él será una *presencia consciente*.

Y, más tarde, descubrirás otra cosa.

Descubrirás que la acción consciente, la acción que se acompaña de la conciencia, de la presencia mental, de la observación distanciada, es una acción mucho más eficaz que la acción inconsciente, que es una acción ciega y carente de guía.

Y entonces comenzarás a realizar obras, proyectos, empresas.

Tu calidad de vida, y la de las personas que te rodean, mejorará porque empezarán a encontrarte más simpático/a, más disponible y relajado/a porque tú, por fin, habrás empezado a interesarte por ellos.

Probablemente seguirás haciéndote pajas mentales porque el pensamiento, el pensamiento automático que se produce por la sobrecarga eléctrica de tus circuitos neuronales, seguirá produciéndose —de la misma forma en que el agua del mar produce la lluvia al evaporarse— por la energía que se renueva, que tú renuevas con tus miedos, con tus identificaciones, con los fantasmas creados por tu propio pensamiento.

Pero si practicas con paciencia y constancia, poco a poco, tan poco a poco como el agua excava la roca, la frecuencia de tus pajas mentales disminuirá por falta de energía «pajera», de la misma forma en que la violencia de la lluvia disminuye cuando las nubes empiezan a deshacerse.

Cuando estés firmemente asentado/a sobre la observación consciente del mundo pasarás a la segunda fase del itinerario que conduce a la presencia mental y a la eliminación de las pajas mentales, la que se describe en el siguiente apartado.

El cuerpo

La segunda fase en la realización de la presencia mental consiste en dirigir la atención hacia nuestro propio *cuerpo*.

Cada vez que estés preocupado/a, que tengas miedo o estés angustiado/a por algo, que desees lo que no puedes obtener, que quieras liberarte de algo de lo que no puedes hacerlo, que te encuentres en cualquier situación encuadrable en la variada y terrible casuística de las pajas mentales, dirige tu atención hacia tu cuerpo: descubrirás que tienes la respiración agitada, que el corazón te late demasiado deprisa, que el estómago se ha contraído, que tienes las mandíbulas apretadas y los músculos del cuello y la espalda duros como piedras.

Empieza a hablar con tu cuerpo, con tus pulmones, con tu corazón, con tu estómago, con tus mandíbulas, con tu cuello y tu espalda.

Nunca hablas con tu cuerpo, no lo consideras digno de tu atención, lo dejas abandonado a sí mismo, a sus procesos automáticos.

Que no te sorprenda si, tarde o temprano, tu cuerpo enferma, si lo «estropean» sus automatismos tensionantes, su solitario estrés.

Habla con tu cuerpo y dile que se relaje porque no hay nada que lo amenace, que en tus manos puede sentirse seguro, que tú lo cuidas y proteges.

Verás cómo, al final, tu cuerpo empezará a aprender a relajarse.

Te llevará tiempo que aprenda, pero merece la pena hacerlo, están en juego tu salud, tu felicidad y tu vida.

Si tienes dificultades para concentrarte en tu cuerpo, sigue este método: concéntrate *en tu respiración*.

Concentrarse en la respiración es la forma más sencilla que existe para concentrarse en el propio cuerpo.

No infravalores este sistema: es una técnica eficacísima. Era la técnica personal de Buda, con la que entró en el trance del nirvana y tuvo visiones místicas.

Si consigues mantenerte concentrado en tu respiración durante media hora, eliminando todo pensamiento y toda percepción de tu mente, estarás entrando tú también en el trance del nirvana.

Pero sigue mi consejo: no lo intentes siquiera; no es más que otra maldita paja mental.

De hecho, no conozco a nadie que consiga hacerlo.[58]

El mayor obstáculo para poder concentrarse sobre objetos neutros o gratificantes es que uno se queda dormido.

¿Por qué?

Pues porque, como ya he explicado, concentrarse en un objeto neutro o gratificante hace disminuir el nivel de la tensión y esto permite al organismo volver a su nivel energético óptimo, que se había visto disminuido por el gran consumo energético ocasionado por el estado de tensión, y la forma natural con la que el organismo reconstituye su nivel energético óptimo es, precisamente, el sueño.

---

[58] Sin embargo, no deja de ser curioso el porqué no lo hace nadie. Se suelen esgrimir dos motivos, cada uno más absurdo que el otro. El primero, que nadie cree tener media hora libre para dedicarse a hacer experimentos de este género (increíble pero cierto). El segundo, que nadie consigue concentrarse durante una hora en su respiración sin quedarse más sopa que un lirón (por cierto, ¿alguien sabría explicarme qué relación hay entre la sopa y los lirones?).

Así pues, esfuérzate en no dormirte y en permanecer despierto y alerta mientras te concentras en tu respiración.

En cuanto seas ya un experto/a en concentrarte en tu respiración, aprende a concentrarte en tu cuerpo porque la finalidad de este ejercicio no es alcanzar el estado de trance, llegar a permanecer ajeno al mundo y a la realidad, sino precisamente lo contrario: alcanzar la presencia mental en la realidad. Y tu cuerpo forma parte de la realidad.

Aprende pues a dirigir la atención hacia tu cuerpo, a ser consciente de su existencia.

Sé tan consciente de tu cuerpo como lo eres del mundo que te rodea.

La conciencia de tu propio cuerpo no debería ya abandonarte nunca; mejor dicho, tú no deberías abandonar durante el resto de tu vida la costumbre de ser consciente de tu cuerpo con la mayor frecuencia posible.

Ser consciente de tu cuerpo —al igual que ser consciente del mundo que te rodea— es parte integrante de la presencia mental, de nuestra presencia en la realidad.

Cuando estés firmemente asentado/a sobre la conciencia de tus actos y del mundo que te rodea, así como de tu cuerpo, entonces, y sólo entonces, podrás pasar a la tercera fase, la fase final, la que te liberará definitivamente de las pajas mentales, del sufrimiento y de la infelicidad.

La describo en el próximo apartado.

La mente

¿Qué quiere decir que tienes que concentrar tu atención en tus actos, en el mundo que te rodea, en tu propio cuerpo?

La atención es como el haz de luz de un faro. Concentrar la atención en algo quiere decir que, mediante un acto de voluntad, diriges el haz de luz del faro de tu atención hacia algo.

Dirigir la atención hacia algo es lo mismo que *observar.*

De la misma forma en que diriges tu atención hacia tus actos, el mundo que te rodea, tu cuerpo, puedes hacerlo *hacia tu mente.*

Es decir, hacia tu *pensamiento.*

Intenta, una vez más, que se haga el silencio dentro de ti.

Ya sabes cómo hacerlo.

Pero esta vez dirige tu atención no hacia tus actos, el mundo que te rodea o tu cuerpo, sino hacia tu pensamiento.

Escucha.

Oirás palabras dentro de ti.

El pensamiento, de hecho, tiene *discurso.*

Es decir, usa el *lenguaje.*

Por eso escucharás palabras, frases, reflexiones, razonamientos.

O quizá veas imágenes, escenas, como en una película.

Igual que cuando sueñas.

Imágenes y palabras se forman *automáticamente.*

Constituyen tu *pensamiento.*

Son los circuitos neuronales de tu cerebro que, cargados de la tensión de las emociones que se han grabado en ellos, se activan automáticamente, dando lugar al pensamiento.

El pensamiento no es sólo la expresión de la tensión que hay dentro de ti, sino que él mismo genera tensión porque reproduce, y por lo tanto renueva, las emociones que lo han generado.

El pensamiento es el flujo realimentado de las pajas mentales.

Pero si aprendes a observarlo, este flujo se va haciendo cada vez más lento, hasta que se detiene.

¡Por fin lograrás liberarte del pensamiento, de las pajas mentales!

Aprenderás a ser consciente de tus actos, del mundo que te rodea, de tu cuerpo, sin que se superponga el pensamiento, con su acción perturbadora y con frecuencia lesiva.

Aprende, pues, a considerar tu pensamiento como lo que es: un producto automático de la tensión grabada en tu memoria, es decir, sustancialmente un *cuerpo extraño*, algo sustancialmente distinto de tu Yo, de ti mismo/a en cuanto observador/a, es decir, en cuanto *conciencia*.

El pensamiento es un producto de la *memoria*.

Lo que queda grabado en tu memoria junto a una emoción, es decir, una *tensión*, tiende a reproducirse porque esa misma tensión lo reactiva.[59]

La eliminación del pensamiento (y la eliminación de las pajas mentales implica, necesariamente, la eliminación de una buena parte del pensamiento) conduce a la superación y a la liberación de la relación con la *memoria* y, por lo tanto, a la capacidad de ver el mundo que te rodea con ojos nuevos, libres de experiencias y de juicios previos (prejuicios).

Es como renacer continuamente a una nueva vida.

La memoria y el pensamiento son como una vela que apagas y vuelves a encender; olvidas algo para recordarlo más tarde.

---

[59] La tensión no es sino un potencial eléctrico que se genera entre los dos extremos de la neurona y que interesa, por lo tanto, implicando a diversas neuronas, un circuito neuronal entero. Y la percepción deriva, probablemente, de la asunción de un estado eléctrico por parte de los circuitos neuronales.

> Mueres, y renaces a otra vida.[60]

El cese del pensamiento y la memoria, es decir, el *vacío mental*, es lo que los orientales denominan *meditación.*

> En la experiencia siempre hay un testigo y éste siempre está ligado al pasado. La meditación, por el contrario, consiste en esa inacción completa que es el cese de toda experiencia. La acción de la experiencia tiene sus raíces en el pasado y, por lo tanto, está vinculada al tiempo; conduce a la acción que es inacción, y genera el desorden. La meditación es la inacción total que proviene de una mente que sólo ve lo que *es*, sin el lastre del pasado.[61]

Pero esta experiencia de la observación del pensamiento y de su ser como un producto de la memoria conduce a la experiencia de la no permanencia del pensamiento mismo y de la memoria misma.

> El pensamiento puede dar continuidad a la cosa que piensa; puede dotar de permanencia a una palabra, una idea, una tradición. El pensamiento se piensa a sí mismo como si fuera algo permanente pero, ¿lo es? El pensamiento es la respuesta de la memoria pero, ¿la memoria es permanente? Puede elaborar una imagen y dar a esa imagen una continuidad, una permanencia, llamarla Atman, o como queráis, y puede recordar la cara del marido o de la mujer [...]. Pero la llama que se apaga y la llama que vuelve a arder no son la misma.

---

[60] J. Krishnamurti, *La sola rivoluzione, op. cit.*, pág. 25.

[61] *Ibídem*, pág. 41.

> Para que lo nuevo sea, es necesario que finalice lo viejo [...]. No hay nada permanente, ni sobre la tierra ni en nosotros mismos.[62]

La conciencia también es, así pues, una observación *mental.*

Es evidente que debes observar tus pensamientos para asegurarte de que una parte de éstos (las pajas mentales malignas) deje de producirse.

También debes observar, junto a tus pensamientos, tus *emociones* y tus *sensaciones*, es decir, toda tu *actividad perceptora.*

Cuando hayas aprendido a observar tus percepciones (sensaciones, emociones, pensamientos) descubrirás tres cosas.

La primera, que éstas se producen automáticamente, con independencia de tu voluntad (tu voluntad está comprometida con que mantengas el papel de observador/a).

Esto ya lo sabías.

La segunda, que si permaneces en el papel de observador/a ya no te afectan con tanta intensidad tus sensaciones y tus emociones. Es decir, que se activa en ti una especie de *distanciamiento* de tus sensaciones y tus emociones.[63]

La tercera, que si te mantienes en tu papel de observador/a la frecuencia de tu pensamiento se va haciendo gradualmente más lenta, hasta detenerse.[64]

---

[62] *Ibídem*, pág. 25.

[63] Probablemente, la electrificación de las redes neuronales correspondientes a la conciencia comporta la reducción de la electrificación de las redes neuronales que se corresponden a las sensaciones y a las emociones que, por lo tanto, resultan *atenuadas*.

[64] Probablemente, la electrificación de las redes neuronales correspondientes a la conciencia comporta no sólo la reducción, sino incluso la neutralización de la electrificación de las redes neuronales correspondientes al

Ésta es, por lo tanto, la fase final y definitiva de la presencia mental o, mejor, de la conciencia, la que te permitirá dejar de hacerte pajas mentales, la que las cortará de raíz, impidiendo que se reproduzcan.

La asunción del papel de observador/a de tu actividad perceptora te proporcionará la máxima relajación posible en el estado de percepción normal u ordinario; es decir, la máxima disminución posible, en el estado de percepción normal, de la tensión.

En el estado de percepción extraordinario del *trance*, objetivo último del yoga, la tensión llega a eliminarse totalmente.

Pero para disfrutar de una vida feliz y satisfactoria, maldita la falta que te hace alcanzar un estado de trance, así que pasa tranquilamente del tema.

Es más, como te empeñes en alcanzarlo te crearás una nueva fuente de tensión, recayendo en la trampa de la neurosis (o sea, de las pajas mentales).

Buda ya dijo que el verdadero distanciamiento es aquel que nos distancia incluso del objetivo último de alcanzar el distanciamiento.

¿Por qué la asunción del papel de observador/a de tu actividad perceptora te permite deshacerte de la tensión y eliminar el sufrimiento?

Porque el papel de observador/a es un papel totalmente *pasivo*.

La tensión, que es una característica *dinámica* del organismo, se forma en función de la realización de un acto. O, mejor

---

pensamiento. Eso nos lleva a presumir que la totalidad de la energía eléctrica cerebral tiende a permanecer constante, desplazándose simplemente de una zona a otra del cerebro.

dicho, ante la presencia de un *acto intencional*, precisamente porque *tender* a la realización de un acto origina *tensión.*

Tensión y actividad intencional son respectivamente *consiguientes* la una de la otra.

Allí donde cesa la actividad intencional, cesa también la tensión.

Aprende, pues, a volverte *pasivo/a.* O mejor, *receptivo/a.*

El papel de observador/a no comporta que haya que intervenir en la dinámica perceptora: observar no es intervenir.

Este punto es fundamental. Si la finalidad del ejercicio es eliminar la tensión, éste no culminará con éxito si no se logra una condición de *pasividad.*

Toda intención de actividad genera tensión, como ya he explicado.

Si te sientes agitado/a por la tensión, limítate a hacer lo siguiente: no hagas fuerza alguna contra la tensión, aprende a observarla; acéptala y obsérvala. No hagas nada más: obsérvala y espera a que se te pase.

Cuando tienes un resfriado que no se te va con nada, ¿qué haces? ¿Te encabronas y te cortas la nariz? No, salvo que seas completamente idiota. Esperas a que se te pase. Bueno, pues haz lo mismo con la tensión, con el miedo, con los cabreos, con las humillaciones, con el sufrimiento, con todas las malditas emociones negativas. Espera, sencillamente, a que se te pasen. Y obsérvalas. Cuando se sienten observadas se portan igual que una señora que no aguanta más y se pone a hacer pis detrás de un coche en el aparcamiento de un hipermercado: procuran aliviarse de su «carga» lo más rápido posible para irse corriendo de allí.

De esta forma tu dinámica perceptora se modificará espontáneamente, sin esfuerzo alguno.

Tu pensamiento analítico (la famosa paja mental) terminará debilitándose o, incluso, desapareciendo y se verá sustituido por la *intuición*, un pensamiento sintético que, al igual que en un flash, reúne en un solo instante diversos razonamientos, imágenes, sensaciones y emociones. Una especie de «función turbo» del motor-cerebro.

Adquirirás una capacidad de comprensión y penetración del mundo que te rodea (incluidas las personas, cuya personalidad descubrirás de forma mucho más rápida y nítida) por encima del nivel normal.

El pensamiento intuitivo es, de hecho, el medio por el cual convertimos en acto el *conocimiento* (todas las grandes conquistas humanas, desde las artísticas a las científicas, han surgido de una intuición). El pensamiento analítico sólo sirve para *comunicar* el conocimiento.

Las mujeres lo tendrán muchísimo más fácil que los hombres porque la tendencia natural de la parte femenina[65] del

---

[65] La fisiología ha demostrado que existe una diferencia morfológica y, por lo tanto, funcional, entre el cerebro masculino y el femenino: en el primero se aprecia un mayor desarrollo del hemisferio izquierdo, sede del lenguaje y del pensamiento analítico, mientras que el segundo presenta un mayor desarrollo de la intuición y del pensamiento sintético (cfr. el ya citado R. Ornstein y R. Thompson, *Il cervello e le sue meraviglie*, págs 177-78). Con un lenguaje y una exactitud típicamente periodísticas podemos decir, pues, que en el cerebro hay una parte masculina (hemisferio izquierdo) y una femenina (hemisferio derecho). A los machistas les parecerá imposible que exista una parte femenina en el cerebro y que ellos mismos la tengan dentro de la cabeza, desde el momento en que están convencidos de que esa pizca de cerebro que tienen las mujeres (se ha demostrado científicamente que el cerebro de las mujeres pesa menos que el de los hombres, demostración que ha ofrecido un sólido argumento a las tesis machistas acerca de la imbecilidad de las mujeres; para mí, es la explicación científica de un hecho irrefutable: los hombres son mucho más

cerebro es recurrir a la intuición antes que al razonamiento.[66]

---

pesados que las mujeres, sobre todo a la hora de mantener una conversación) no es sino una versión reducida del cerebro masculino (véase la leyenda de que la mujer fue creada a partir de una costilla de Adán, cuya falsedad quedó totalmente al descubierto con la llegada de las radiografías, que demostró que hombres y mujeres tienen exactamente el mismo número de costillas). Lo irónico es que la ciencia, de la que los hombres se han sentido durante siglos los únicos artífices y depositarios, es un producto de la *intuición* (todas las teorías científicas, desde la de Newton a la de Einstein, han surgido a partir de una intuición; la diferencia entre uno y otro es que al primero tuvo que caerle una manzana en la cabeza para que se le ocurriera algo, mientras que el segundo se conformó con pasarse unas tardes aburridísimas en una oficina de Berna en la que, evidentemente, no tenía nada mejor que hacer), es decir, de la parte femenina del cerebro: así pues, las mujeres son las depositarias del *conocimiento*, que es lo mismo que *pensamiento sintético*, mientras que a los hombres compete el *pensamiento analítico* (que, al parecer, es un producto de la parte masculina del cerebro) cuya responsabilidad no es el conocimiento, sino la *comunicación* (o sea, el lenguaje). Pongamos un ejemplo: si un hombre, en una fiesta, quiere estudiar las relaciones subyacentes entre los invitados, ¿qué es lo que hace? Se sienta en una esquina y toma apuntes; luego se va a su casa, se encierra durante una temporada y escribe un tratado sobre el tema. Una mujer, en cambio, se va derecha hacia el cogollo de la fiesta, echa un vistazo alrededor y, en un par de segundos, lo averigua todo sobre todos. No escribirá jamás un tratado sobre el tema, porque los tratados le importan un bledo. A cambio, irá por ahí contando todos los líos ocultos de los que acaba de enterarse. (Bueno, ésta era hace tiempo la diferencia entre los hombres y las mujeres; ahora las mujeres se portan exactamente igual que los hombres: ya han alcanzado, tal y como querían, la igualdad.)

[66] Me acaba de asaltar la sospecha de que las mujeres que lean este libro van a ser poquísimas porque a las mujeres, probablemente, no les interesa nada leerse un libro que enseña a no hacerse pajas mentales, porque les parecerá que no es sino una paja mental y ellas están convencidas de que no se hacen jamás pajas mentales. Quizá no exista ni siquiera una sola mujer

Aprende pues a observar tus sensaciones, tus emociones, tus pensamientos.

Conviértete en un observador/a de tu vida, tanto de la interior como de la exterior.

Lograrás ver las situaciones, las emociones y a las personas desde un distanciamiento que te mantendrá al cubierto de cualquier ataque, cualquier frustración, cualquier derrota.

Al principio te resultará muy difícil hacerlo porque tendrás que poner en marcha una función cerebral que no usas normalmente: la *conciencia.*

Pero merece la pena que hagas un esfuerzo.

Buda ya habló de un «recto esfuerzo».[67]

El estado de consciencia puede convertirse en algo habitual o, por lo menos, frecuente, mediante un acto de voluntad convenientemente *reiterado.*

La recompensa es la liberación definitiva de las pajas mentales y la auténtica felicidad, no ese «subidón» que te da cuando te toca la lotería o te enteras de que tu mujer, ¡por fin!, se ha ido de casa en brazos del carnicero, y que se te pasa a los

---

dispuesta a leérselo. ¡Mierda!, y yo dejándome los cuernos para demostrarles que no soy un machista y que me dirijo indistintamente a ambos sexos con el peñazo ese del «¿estás satisfecho/a?». Pues se acabó la payasada, de ahora en adelante escribiré como Dios manda. ¡No, mierda, no! Si lo hago mi libro no será el primero en la Historia que se dirija tanto a él como a ella. El peñazo continuará...

[67] Es uno de los Ocho Nobles Senderos, el núcleo de las enseñanzas de Buda: Recta Comprensión; Recto Pensamiento; Recta Palabra; Recta Acción; Rectos Medios de Subsistencia; Recto Esfuerzo; Recta Presencia Mental y Recta Concentración, tal y como nos ha legado la tradición. (Véase: Thich Nhat Hanh, *Vita di Siddharta il Buddha, op. cit.*, pág. 103.) Para conocer el pensamiento original de Buda, véase: G. C. Giacobbe, *Il prezioso dono di Siddharta*, Ed. Le Stelle, Savona, 2001.

pocos días, sino la auténtica paz interior, la capacidad de estar en comunión con las cosas, las personas y la vida sin conflictos, sin polémicas, sin dolor, en perfecta armonía; la capacidad de disfrutar de la vida, aceptándola como es, sabiendo ver lo mejor de cada situación y gozando conscientemente de cada aspecto, incluidos los más pequeños y modestos, saboreando cada instante con la conciencia de que éste es único e irrepetible.

La liberación definitiva y permanente de las pajas mentales, o mejor, la conciencia constante, se ha transmitido en la cultura oriental con el nombre de *iluminación*.

Así pues, la famosa y misteriosa iluminación no es sino eso: un estado permanente de conciencia de la realidad.

Naturalmente, no se trata de una nadería.

El estado, en sí mismo, no tiene nada de extraordinario: lo extraordinario es su *duración*.

Todos somos capaces de vivir conscientemente algunas veces, pero sólo unos pocos consiguen hacerlo siempre.

El estado de iluminación también es una mistificación.

No se puede estar permanentemente en un estado de conciencia.

Ni siquiera Buda lo consiguió (él también se cabreaba de vez en cuando).

Aun así, merece la pena intentar alargarlo lo más posible.

Vivir en ese estado significa liberar la tensión que llevamos dentro, escapar de la «condición humana» de sufrimiento continuo.

Buda ya definió el estado de iluminación como «la liberación de la condición de sufrimiento de la vida humana».

El secreto es: no crearse expectativas, *sino disfrutar de la vida tal y como es*.

Sea ésta la que sea.

Y aprender a *amar*.

El estado de iluminación está mucho más difundido entre los seres humanos de lo que parece.

Mi hijo Yuri, que hasta los veintisiete años —antes de que lo mataran los virus—, sabía escucharte con paciencia incluso cuando lo que le estabas contando no le interesaba lo más mínimo; que te apretaba la mano en silencio para darte a entender con ese gesto, mejor que con cualquier discurso, que él no dejaba de quererte cuando te portabas mal; que soportaba sin una queja todas las molestias, todas las actitudes injustas que pudieras tener para con él; que nunca levantaba la voz ni se enfadaba; que siempre estaba disponible y era un punto de referencia seguro para cuantos le conocían; que tomaba la palabra sólo cuando era necesario e importante hacerlo; que no perseguía lujos, ni riquezas, ni gloria, ni fama, ni poder; que era feliz con una vivienda modesta, unos padres irritables, una hermana rebelde y una novia enamorada... Mi hijo Yuri era un iluminado.

Y jamás presumió de ello ante nadie.

Capítulo séptimo
De la conciencia: teoría

Este capítulo sólo debes leerlo si tienes la aspiración de ser culto/a[68] porque, de no ser así, te aburrirá mortalmente. No es indispensable, a efectos prácticos.[69] Se trata, básicamente,

---

[68] La humanidad no se divide en personas cultas (es decir, personas que tienen un conocimiento completo de la cultura: nadie, en una palabra) y personas incultas, sino en personas que quieren ser cultas y personas a las que les importa un rábano la cultura. Ver: Sócrates (citado por Platón, ahora no recuerdo dónde).

[69] Éste es un llamamiento en toda regla encaminado a que no leas el capítulo: otro excelente motivo para ser citado en el *Guinness* (en la sección «Escritores que se autolesionan»). La única razón por la que lo he escrito es precisamente ésa: terminar en el *Guinness*. En realidad, adorado/a lector/a, te ruego encarecidamente que leas este condenado capítulo. Para convencerte, te diré que no puedo creer que te quieras tan poco a ti mismo/a como para desear seguir siendo un/a ignorante. Me consta que eres, por el contrario, una persona amante de la cultura y muy abierta de mente, dotada de una inteligencia rápida y genial, con una curiosidad hacia el mundo, la vida y el saber que muy pocos poseen en un grado tan alto. Estoy seguro de que *tienes* curiosidad por saber cómo diablos funciona la condenada conciencia esta de las narices. Es más, ahora que lo piensas, es una curiosidad que has tenido desde niño/a, que te ha devorado durante años, y que por fin puedes satisfacer. ¡Ah, qué gustazo! ¡Pues, ánimo, venga con él! ¡Lee de una vez este maldito capítulo! (La verdad, mira que tener que caer en prácticas rufianescas para conseguir algo que los demás escritores obtienen sin pronunciar una sola palabra: ¡la simple lectura de un capítulo! ¡Tampoco pido tanto, maldita sea!)

de una exhibición teorética por mi parte, o sea, de una paja mental, aunque de tipo beneficioso, que sólo podrá ser apreciada por otros pajeros mentales (beneficiosos), sobre todo si son varones.[70]

Eso sí, no tengo más remedio que aconsejarte que si tienes un ligero dolor de cabeza, aunque no sea más que una pequeña molestia, será mejor que dejes la lectura para otro momento, si no quieres terminar con una jaqueca de caballo. Si no sientes el más mínimo dolor, te bastará con tener a mano una caja de aspirinas.

Sólo los/las más rápidos/as y listos/as consiguen superar la prueba de leerse entera esta parte del libro.

Si consigues llegar hasta el final sin ser presa del pánico, sin enloquecer o, simplemente, sin dejar de leer el libro (la posibilidad más terrible de las tres, por lo que a mí respecta), ¡enhorabuena!, eso quiere decir que vas en moto[71] por la vida.

Y, ya sin más preámbulos, vamos allá con el examen teórico de la *conciencia.*

Desde el punto de vista psicológico, la conciencia es una función más bien compleja.

Es un proceso en el que una de las partes de la percepción tiene como objeto la parte restante de la percepción. Es decir,

---

[70] Las damas no deben ofenderse, porque no las estoy llamando ignorantes, sólo estoy subrayando el hecho de que las pajas mentales de tipo científico se las hacen, sobre todo, los caballeros. No deja de ser una desventaja mayúscula (para los hombres), porque mientras emplean el tiempo en hacerse pajas mentales científicas, las mujeres se van por ahí con otro tipo de hombres, el tipo de hombres que no se las hacen, mucho menos inteligentes, sí, pero también mucho más *eficaces.*

[71] Por cierto, nunca he entendido por qué se dice que algo o alguien «va en moto» cuando le va muy bien... Cuando yo voy en moto lo hago encomendándome a todos los dioses y deseando bajarme cuanto antes.

se trata de un proceso en el que la percepción se percibe a sí misma.

Si tú eres consciente de tus sensaciones, tus emociones y tus pensamientos, éstos constituyen el objeto principal de la percepción y no sus respectivos objetos.

En la práctica es como si el cerebro se observase a sí mismo; mejor dicho, como si observase su propio funcionamiento.

Me explico mejor.[72]

Si yo percibo la figura de un caballo (no importa ahora si se trata de una sensación o de un efecto de la imaginación, es decir, de si la figura está realmente delante de mí o sólo estoy imaginando que lo está), esta percepción o *proceso de percepción* está compuesta por tres *subpercepciones*:

1. La percepción de la figura tal y como se presenta objetivamente a mi vista: *objeto percibido*.
2. La percepción de la reacción emotiva que experimento ante la figura (por ejemplo, de miedo): *contexto perceptor*.
3. La percepción de mí mismo, o sea, la imagen que tengo en esos momentos de mí (por ejemplo, la de un individuo en peligro): *sujeto perceptor*.

En el estado normal de la percepción ordinaria el objeto principal de ésta sería, simplemente, la figura del caballo.

Con todo, en dicha percepción siguen estando presentes el *contexto perceptor*, o reacción emotiva, y la *percepción del Yo*. Estos elementos constituyen una especie de *entorno o ámbito* de la percepción; no constituyen, sin embargo, el *objeto*

[72] Cuanto sigue está tomado de G. C. Giacobbe, *La psicologia dello Yoga*, *op. cit.*, págs. 97-101.

principal de la percepción, que sigue siendo la figura humana. La atención del sujeto perceptor se mantiene concentrada en la figura humana; podría decirse que el «punto de enfoque» de la percepción es la figura del caballo.

Pero si el punto de enfoque de la percepción se desplaza al contexto perceptor o a la imagen del Yo, éstos se convierten en los objetos principales de la percepción.

El estado de conciencia consiste, precisamente, en este desplazamiento del punto de enfoque de la percepción.

Para entender mejor el proceso, es conveniente contar con un modelo representativo.

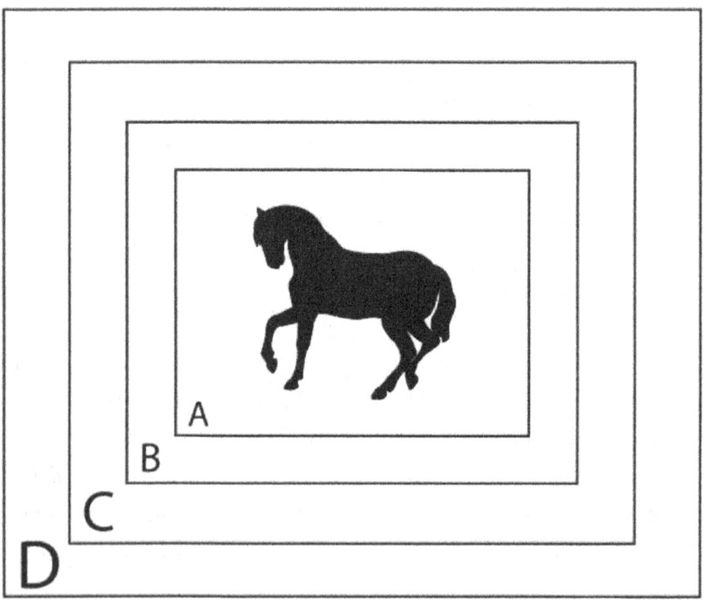

Hemos representado la percepción como si estuviera constituida por cuatro pantallas (A, B, C y D), superpuestas una sobre la otra en este orden: la pantalla A representa el *objeto percibido* y podemos imaginarla como una pantalla opaca de color blanco (como una pantalla de cine) sobre la que se proyecta la imagen de un objeto, por ejemplo un caballo.

La pantalla B representa el *contexto perceptor*, es decir, la reacción emotiva del sujeto ante el objeto, y podemos imaginarla como una pantalla transparente y de color (el color representa la emoción).

La pantalla C representa la imagen que el sujeto tiene de sí mismo, es decir el Yo o *sujeto perceptor* y podemos imaginarla como una pantalla transparente coloreada (el color representa la mayor o menor intensidad de la imagen que el sujeto tiene de sí mismo).

La pantalla D, que incluye las tres anteriores, representa el *proceso de percepción* entero y podemos imaginarla como una pantalla completamente transparente y falta de coloración.

En el estado normal de la percepción ordinaria la atención está enfocada sobre la pantalla A; esto no significa que las pantallas B y C no sean percibidas, sino que se perciben, por así decirlo, de forma *desenfocada*, como sucedería en una fotografía si no ajustáramos la profundidad de campo. Aun así, influyen sobre la lectura del objeto de la pantalla A porque lo «colorean», es decir, porque *determinan su significado*.

El significado del objeto consiste, de hecho, en la *relación* que el sujeto establece con el objeto en función del contexto.

El significado del objeto percibido está pues determinado por:

1. La *realidad objetiva* del objeto percibido («objeto percibido»).

2. La *imagen* que el Yo tiene en esos momentos de sí mismo («sujeto perceptor»).
3. La *reacción emotiva* que tiene el Yo ante el objeto percibido («contexto perceptor»).

Cabe subrayar que el sujeto perceptor y el contexto perceptor constituyen la *aportación mayor* a la determinación del significado del objeto percibido, mientras que este último o, mejor, su realidad objetiva, tiene, paradójicamente, un papel secundario en esta determinación.

Un ejemplo aclarará mejor este concepto.

Si el objeto percibido consiste en una comunicación verbal, su significado está determinado por:

1. La realidad objetiva de la comunicación verbal; es decir, su significado lingüístico y el tono acústico; por ejemplo, la frase «¿quién eres?» dicha en voz muy alta (*objeto percibido*).
2. La imagen que el sujeto tiene de sí mismo en ese momento; por ejemplo, la imagen de un individuo en peligro (*sujeto perceptor*).
3. La reacción emotiva del Yo ante el objeto percibido; por ejemplo, la activación de un mecanismo de defensa que se concreta en un estado de tensión (*contexto perceptor*).

En definitiva, el significado del objeto percibido que ha sido determinado es, en este caso, *amenaza*. Giovanni llama por teléfono a Lucia. Lucia no reconoce su voz y pregunta «¿quién eres?». Giovanni se siente una mierda porque Lucia le ha dejado hace apenas unos días y con esa pregunta se vuelve a sentir rechazado por ella. «¿Quién quieres que sea? ¡Soy yo!», contesta en tono agresivo, producto de una actitud defensiva ante una presunta (pero no real) agresión. Y, así, queda interrumpida la comunicación. Estos mecanismos de defensa son frecuentes en las interacciones cotidianas entre los seres humanos. Y están en la base de nuestros problemas sociales.

El significado que un sujeto atribuye a un objeto no siempre es *real*; es decir, no siempre se corresponde con la consistencia real del objeto.

La neurosis, desde este punto de vista, podría definirse como la atribución crónica de significados no reales a los objetos por parte del sujeto neurótico.

En el estado de *conciencia*, la atención se enfoca sobre la pantalla B (primer estadio: conciencia de la realidad emotiva, es decir, del contexto perceptor), o bien sobre la pantalla C (segundo estadio: conciencia de la imagen del Yo, es decir, del *sujeto perceptor*).

Esto no significa que la pantalla A no sea percibida, sino que se percibe desenfocada porque el punto de enfoque se ha desplazado desde la pantalla A a la B y a la C.

Detengámonos ahora en el *centro de identificación del sujeto* en nuestra representación.

Tiene una gran importancia porque es lo que determina el estado de percepción del sujeto, desde el estado normal de la percepción ordinaria al estado de conciencia.

Aquí puede aplicarse la ley psicológica descubierta implícitamente por la psicología oriental[73] y enunciada explícitamente por la *psicosintesi* de Roberto Assagioli:[74]

---

[73] Especialmente por el yoga. Véase: G. C. Giacobbe, *La psicologia dello Yoga, op. cit.*, págs. 43-44 (Patanjali, *Yoga Sutra*, II, 20) y pág. 99.

[74] R. Assagioli, *Principi e metodi della psicosintesi terapeutica*, Astrolabio, Roma, 1973.

Estamos dominados por aquello con lo que nos identificamos, pero dominamos aquello con lo que no nos identificamos.

El centro de identificación del sujeto siempre está situado en la pantalla superpuesta a aquella sobre la que se ha enfocado la atención.

En el estado normal de la percepción ordinaria, en el que la atención se enfoca sobre la pantalla A, el centro de identificación del sujeto está situado en correspondencia con la pantalla B; el sujeto se identifica con su propia reacción emotiva (*contexto perceptor*), está totalmente dominado por ésta.

En el primer estadio del estado de consciencia, en el que la atención se enfoca sobre la pantalla B, el centro de identificación del sujeto está situado en correspondencia con la pantalla C; el sujeto se identifica con el propio Yo y observa su propia reacción emotiva con distanciamiento.

En el segundo estadio del estado de consciencia, en el que la atención se enfoca sobre la pantalla C, el centro de identificación del sujeto está situado en correspondencia con la pantalla D; el sujeto ya no se identifica con su propio Yo sino con el *proceso de percepción* mismo. La imagen del Yo (pantalla C), la reacción emotiva (pantalla B) y el objeto percibido (pantalla A) siguen siendo percibidos, pero el sujeto ya no se identifica con éstos; en particular, ya no se identifica más con el Yo (sujeto perceptor ordinario) y con sus reacciones emotivas: el sujeto y el objeto de la percepción son *el mismo proceso de percepción.*

Al llegar a este punto, el sujeto se percibe a sí mismo como algo *impersonal*, como un observador al margen, como *el acto mismo de la observación.*

La conciencia no es una función que permanezca siempre activa. Es más, durante la mayor parte de nuestra vida no está activa en absoluto.

Hay personas que nunca activan esta función. Son las que están más cerca de la fase animal prehumana. El proceso cerebral de la conciencia es uno de los resultados de la evolución del cerebro humano.

El ser humano, normalmente, está capacitado para activar el proceso de la conciencia, aunque sólo sea en algunas ocasiones.

A veces, el proceso de la conciencia se activa espontáneamente; por ejemplo, cuando te ocurre un grave incidente y te sientes, por así decirlo, como si te miraras desde fuera, como si fuera otro el que actúa por ti.

Esto nos lleva a pensar que el proceso constituye una especie de *mecanismo de defensa* de nuestro organismo, una suerte de despersonalización que «aparca» momentáneamente al Yo para impedirle que sufra e introyecte en el inconsciente heridas narcisistas que puedan alterar el equilibrio y, por lo tanto, la supervivencia. Se trataría de una especie de válvula de seguridad de la tensión, que nunca debe sobrepasar el límite tras el cual se convierte en autodestructiva.

El hecho de que este proceso se active también cuando se consumen sustancias estupefacientes (heroína y morfina, pero también el alcohol y la nicotina) apuntala la teoría de que se trata de un mecanismo cerebral de defensa, similar a la inhibición del dolor causada por esas mismas sustancias.

No es casual que en todas las ceremonias religiosas de la antigüedad los oficiantes consumiesen sustancias estupefacientes para alcanzar un estado de despersonalización y, por lo tanto, una visión metapersonal.

Así pues, el estado de conciencia es un fenómeno *ordinario*, aunque poco frecuente.

Ser consciente del estado emocional o de la imagen de sí mismo en una determinada situación especialmente tensa no es, pues, una experiencia extraordinaria, aunque sí excepcional. Forma parte de la percepción ordinaria. No requiere que se llegue a un estado de trance.

Pero como todas las funciones humanas, el estado de conciencia también es un proceso tanto voluntario como involuntario.

Somos capaces de activar el proceso de conciencia voluntariamente, a través de un acto de voluntad.

Lo único que tenemos que hacer es pensar en ello.

Es suficiente con que desplacemos nuestra atención desde el objeto de la percepción a la percepción misma, es decir, a nuestra reacción emotiva o a la imagen que tenemos de nosotros mismos en ese momento.

Me quedan por explicar dos fenómenos que caracterizan el estado de conciencia y que constituyen la resolución de la tendencia neurótica (o sea, de las denominadas pajas mentales): el distanciamiento de la reacción emotiva y la disolución del pensamiento analítico.

Ambos se explican por el desplazamiento del centro de identificación del sujeto desde un campo dinámico a un campo representativo estático.

El *distanciamiento*, importantísimo para la higiene mental porque se resuelve en un no reforzamiento de las huellas mnemóticas de las reacciones emotivas (es decir, de la *tensión*) y, así, en su no introyección en el nivel inconsciente (ya que la reacción emotiva se queda en un nivel superficial), se debe, de hecho, al desplazamiento del centro de identificación del sujeto desde la reacción emotiva a la imagen que se tiene del Yo. Por ejemplo, si yo te digo que eres una mierda, tú tienes una reacción que se queda grabada en la memoria y se reproduce en tu mente durante los días siguientes. Si eres muy frágil, terminarás siendo de verdad una mierda. Si, en cambio, sabes distanciarte, sufres la agresión pero *no* la grabas, por lo que no tendrá ninguna consecuencia para ti.

La reacción emotiva grabada en la memoria se concreta en un proceso orgánico (sobre todo en la actividad de las glándulas endocrinas y en la contracción muscular), es decir, en un *acto* o en una serie de actos. Su representación subjetiva asume la forma de un *proceso dinámico*. El lenguaje ha recogido perfectamente su esencia cuando la llama «agitación».

La imagen que se tiene del Yo consiste, en cambio, en una *representación estática*.

El estatismo de la imagen del Yo, con la que se identifica el sujeto, es lo que tiende a rebajar el nivel de la tensión. El estatismo representativo de la imagen del Yo constituye una contratendencia con respecto a la representación dinámica de la reacción emotiva. Por ejemplo, si yo me siento un Buda y no me identifico con mi reacción emotiva, sino con una personalidad, la reacción emotiva no queda grabada y no produce efectos negativos. En este caso, mi Yo no sufre una agresión.

La *disolución del pensamiento analítico*, muy importante porque con ella se elimina la tendencia neurótica, se debe al desplazamiento del centro de identificación del sujeto desde el proceso mismo del pensamiento analítico (percepción ordinaria) al papel de observador (conciencia).

También aquí el primero constituye un campo representativo dinámico y el segundo un campo representativo estático.

Es como si la energía psíquica, que en la percepción ordinaria se concentra, normalmente, sobre el proceso del pensamiento analítico (por lo que éste se retroalimenta), se desplazase a otra parte (al papel de observador) y, por lo tanto, lo privase de su fuerza.

Evidentemente, el campo representativo en el que se constituye la identificación del sujeto consigo mismo es investido de la energía psíquica necesaria para que sea activo. Dicha energía se toma de otros campos, que tienden a volverse inactivos.

No es casual que las culturas antiguas —y, marcadamente, la oriental (que no estaba libre de tendencias neuróticas, desde el momento en que elaboró técnicas para eliminarlas), caracterizada aún hoy, en líneas generales, por una economía principalmente agrícola, rural y artesana— utilizasen el estado de contemplación (que para nosotros es sinónimo de pereza) como antídoto contra las frustraciones diarias.

Los orientales padecen neurosis mucho menos que nosotros. Todo aquel que haya viajado por Oriente, desde la India a Indonesia, desde Tailandia a China, habrá notado que la relajación y las sonrisas están mucho más difundidas entre aquellas poblaciones que entre las occidentales, a pesar de su pobreza y de sus consiguientes problemas de subsistencia.[75]

En el ámbito de la cultura italiana existe un área culturalmente ligada a antiguos esquemas perceptivos y de conducta,

---

[75] En general, los pobres son más felices que los ricos. Increíble, pero cierto. Quizá se trate de una venganza de la naturaleza. Aunque lo más increíble es que los pobres hacen de todo para volverse ricos y los ricos para no dejar de serlo (y no sólo eso: incluso se esfuerzan en serlo más). ¡No hay quien entienda nada!

probablemente de origen oriental: la cultura *napolitana*, una de cuyas características tradicionales es, precisamente, la capacidad, por parte de los sujetos, de objetivar el propio estado psíquico y el propio Yo o, mejor, el propio papel social; es decir, son capaces de un auténtico proceso de autoobservación y, por lo tanto, de conciencia.[76]

[76] Si has conseguido leerte este capítulo entero sin acabar en Urgencias, aquejado de un dolor de cabeza insoportable, puedes participar en el concurso especialmente dirigido a «Los que han leído el terrible capítulo "De la conciencia: teoría" del libro de Giacobbe y han sobrevivido a la experiencia», sin selección previa y con premio seguro (entre otras cosas, el número previsto de concursantes es ridículo). El premio consiste en un billete, sólo de ida, a un islote desértico y sin agua del archipiélago de las Eolias (Sicilia). Los organizadores del concurso notifican a los concursantes que las no muy favorables condiciones ambientales de la situación que se ofrece a los vencedores no despiertan en ellos sentimiento de culpa alguno, ya que están seguros de que si han sobrevivido a la lectura de este capítulo sabrán salir indemnes de cualquier situación, por muy adversa que ésta sea.

Apéndice
Qué puede hacer un pobre neurótico (si es obsesivo, mejor) para dejar de hacerse pajas mentales

El mantra

Bienvenido seas, mi querido/a lector/ora, a este Apéndice pensado expresamente para ti.[77]

Si tienes el cerebro completamente fundido por culpa de las pajas mentales, ¡éste es tu capítulo! Es más, los anteriores —ya puedo decírtelo— no te servían absolutamente para nada.[78]

---

[77] Entre todos los neuróticos que hayan pasado directamente del capítulo sexto al Apéndice se sorteará un premio consistente en un fin de semana en un Club Méditerranée, lugar en el que podrán consolarse constatando que no sólo no son los únicos desgraciados que hay en el Universo, sino que hay unos cuantos miles más. Para participar en el concurso deberá enviarse el *curriculum vitae* y una foto reciente (de hace veinte años como máximo) a la asociación SIDA (Separados Italianos Dolientes y Amargados) que confía en que con esta simpática iniciativa alguien se anime a formar parte de ella (no se sabe por qué, apenas se menciona la asociación la gente echa a correr como alma que lleva el diablo. ¿Estará gafada?).

[78] Espero que esta noticia haga llegar al orgasmo a todos los masoquistas que se hayan leído el libro entero, sufriendo como perros, para al final descubrir que su esfuerzo y su dolor han sido completamente inútiles.

Si estás ya completamente invadido/a por las pajas mentales, abandona toda esperanza de detener tu flujo mental; sólo te queda la opción de dirigirlo hacia un punto menos peligroso. Es como si un terrorista fanático y decidido te hubiera puesto una pistola en la sien: jamás podrás convencerle para que no te dispare, tu única posibilidad de salvación es agachar la cabeza en el último segundo y desviarle la pistola de un manotazo para que el tiro le dé a otro.

Si eres un/a neurótico/a, más en concreto un/a neurótico/a obsesivo/a (mi caso preferido), puedes empezar recurriendo a una técnica específica, la del *mantra.*

Un mantra es una palabra cualquiera, generalmente bisilábica, que se repite durante el mayor tiempo posible, verbal o mentalmente.[79]

La técnica mántrica es antiquísima. Aparece en todos los ritos religiosos, incluidos los chamánicos.

---

[79] La repetición en voz alta del mantra facilita la concentración pero tiene el inconveniente de que interfiere con la respiración, porque es imposible pronunciar de forma clara una palabra, la que sea, mientras se inspira. Se puede obviar este inconveniente inspirando el menor tiempo posible, pero entonces se altera el equilibrio rítmico de la respiración. Además, tiene el inconveniente añadido de que sólo se puede practicar en lugares aislados o frecuentados sólo por otros practicantes, en sesiones específicas, si no se quiere correr el riesgo de que alguien nos arrastre a la fuerza al centro de urgencias psiquiátricas más cercano. La repetición mental del mantra es más difícil de llevar a cabo de forma continuada, pero evita todos los inconvenientes arriba citados y permite que lo practiquemos en cualquier lugar y situación. De hecho, en las diversas tradiciones que recurren a la técnica mántrica se usan ambas modalidades. Las tradiciones religiosas, que suelen inclinarse por los rituales colectivos, usan preferentemente la repetición verbal. Las tradiciones laicas, como la yogui, optan con frecuencia por la repetición mental. En cualquier caso, la repetición verbal tiende a transformarse en repetición mental.

También está presente en la tradición cristiana: repetir las plegarias una y otra vez, como se hace con las letanías o cuando se reza el Rosario, es una técnica mántrica.

¿Qué papel cumple la técnica mántrica a la hora de atenuar la obsesión neurótica?

Sencillamente, desplaza la energía obsesiva del objeto que la provoca hacia un objeto neutro hasta que, al desaparecer la causa que la originaba, la energía obsesiva se agota.

Si estás obsesionado/a por un pensamiento que te provoca tensión, tu cerebro se encuentra en un estado de sobreexcitación neurótica, por lo que tiende a reiterar obsesivamente ese pensamiento.

Es una especie de espiral: cada vez que percibes ese pensamiento, éste genera una tensión que aumenta su capacidad reproductora, por lo que no deja de reaparecer y con más fuerza aún.

De esta forma, la obsesión se retroalimenta y va siempre en aumento.

Es una de las trampas más asquerosas que ha ideado el Creador, comparable a los agujeros negros y a esa putada de que cuanto más comas, más engordarás, y cuanto más engordes, más comerás.

Una especie de cortocircuito cerebral que puede convertir a cualquier ser humano en un mero autómata.

Recitando un mantra, desplazas la carga obsesiva hacia un objeto neutro, que no te produce tensión alguna, y «cortas», por así decirlo, el suministro de energía negativa.

Concentrar el pensamiento en un objeto neutro es como ponerle la traílla a un mono para que deje de saltar de rama en rama.[80]

---

[80] El pensamiento, en la cultura hindú, se llama precisamente así: *chita*,

El proceso de eliminación de la obsesión neurótica lleva su tiempo (pueden ser meses, años, y hasta una vida entera), todo dependerá de cuánta energía obsesiva tengas acumulada, pero en general da buenos resultados y tiene la indudable ventaja de que es muy fácil de llevar a cabo: para un neurótico/a obsesivo/a emplear una técnica obsesiva es lo más cómodo y divertido de este mundo.[81]

El mantra no significativo

El mantra no significativo puede ser una palabra cualquiera. «Coca-Cola», sin ir más lejos, es perfecta.

Si alguien afirma lo contrario, lo hace movido por un vil interés.[82]

---

que quiere decir *mono*. ¿Te acuerdas de Chita, la mona de Tarzán? ¡¿Sí...?! ¿Pues qué edad tienes entonces? La verdad, si veías las películas de Tarzán, ¿no te parece que ya eres un poco mayorcito/a para seguir haciéndote pajas mentales?

[81] La práctica sistemática del mantra es uno de los puntales de dos movimientos que han adquirido un gran protagonismo en Occidente: la Soka Gakkai, fundada por Nìchiren Daishònin, un monje budista japonés que vivió en el siglo XIII, y que emplea el mantra «Nam myyoho renge kyo» (véase: *Felicità in questo mondo*, Istituto Buddista Italiano Soka Gakkai, Florencia, 2001), y la Meditación Trascendental, fundada por Maharishi Mahesh, que emplea mantras personalizados (véase: J. Forem, *Meditazione trascendentale*, Ubaldino, Roma, 1976).

[82] A cambio de poner su nombre de marca en mi libro, la Coca-Cola me ha ofrecido, totalmente gratis, un *pack* de doce latas. La Pepsi, por el contrario, me aseguró que una gilipollez de este calibre no la iba a querer nadie ni regalada y, consecuentemente, no me ofreció ni una sola y mísera lata. Si eres un adicto a la Coca y odias la Pepsi (¿cuántos habrá como tú?), te propongo

¿Cuál es el paso siguiente, mi queridísimo/a neurótico/a obsesivo/a (mi caso preferido)?

Tienes que ponerte a repetir como un/a cretino/a: «coca-cola, coca-cola, coca-cola, coca-cola...»[83].

Fácil, ¿verdad?

¿Y cuándo puedes dejar de hacer semejante cosa?

Nunca.[84]

Mejor dicho, hasta que te hayas liberado de tu obsesión porque estás obsesionado por el mantra.

Me dirás, ¿pero qué gilipollez me estás contando?, ¿para liberarme de una obsesión tengo que caer en otra?

Pues sí señor/a, así es.

---

una idea cojonuda: compra un montón de ejemplares y regálaselos a los consumidores de Pepsi. Tendrás la satisfacción de hacerle un corte de mangas a una poderosísima multinacional y, quizá, hasta consigas que quiebre. ¡No está mal como paja mental!, ¿eh?

[83] Te recomiendo, una vez más, que no lo hagas en voz alta, si no quieres terminar ingresado en un hospital psiquiátrico, que no es el lugar más apropiado que digamos para dejar de hacerse pajas mentales. Además, en los hospitales psiquiátricos nunca te dan coca-cola (como mucho, te ofrecen una tila).

[84] Si eres un/a neurótico/a veterano/a, es aconsejable que, al menos durante veinte minutos al día, te sientes cómodamente en tu butaca preferida, te relajes y recites el mantra, mentalmente o en voz alta; además, deberás seguir haciéndolo a lo largo de toda la jornada, mientras realizas tus actividades cotidianas (bueno, puedes dejar de hacerlo antes de cruzar una calle, no vaya a ser que no veas un camión y te atropellen, accidente muy poco recomendable, más que nada porque, encima, le pones en bandeja al destino que solucione tu caso, no importa ahora lo desesperado que éste sea, de una forma insultantemente simplista). Si tu neurosis está en fase inicial, puedes limitarte a repetir mentalmente el mantra a lo largo del día. En cualquier caso, es aconsejable que acudas a un experto en el tema (te recomendaría alguno, pero sólo conozco a uno realmente bueno: Giulio Cesare Giacobbe).

Te liberas de una obsesión maligna reemplazándola por una inocua.

Dado que tu neurotizado cerebro está sobreexcitado, es decir, requiere un plus de energía (que toma, además, de otras zonas de tu organismo, motivo por el cual te sientes tantas veces agotado/a), no puede pasar instantáneamente de un régimen de alto consumo a uno de consumo más bajo, es decir, normal, y necesita un adecuado lapso de tiempo para ir disminuyendo gradualmente su actividad. Por eso es necesario que pase un tiempo «ocupado» en una actividad igual de intensa, pero que no pueda retroalimentarse, para que ésta vaya disminuyendo espontánea y gradualmente.

Parece una imbecilidad, pero funciona.

Repitiendo el mantra hasta la extenuación, conseguirás que éste se convierta en una especie de refugio mental; cuando hayas pasado en ese refugio el tiempo necesario como para agotar tu obsesión, ésta ya no te atormentará más y estarás preparado/a para pasar a los ejercicios o técnicas que se describían en el capítulo sexto, las que te permitirán dejar de hacerte pajas mentales.

Incluidas las mántricas.[85]

---

[85] El lector neurótico, ya sea éste ansioso u obsesivo, queda autorizado para volver atrás, hasta el capítulo sexto, leérselo, seguir con el séptimo, releer el Apéndice justo hasta llegar a este punto, y terminarse por fin el libro. Al lector deprimido (¡cielos!, ¡acaba de asaltarme el pánico! ¿Y si, llegados a este punto, *todos* los lectores están ya deprimidos?) se le ruega, en cambio, que lea el siguiente apartado, expresamente dedicado a él, y que proceda a continuación exactamente igual que el ansioso (así no podrá quejarse de que la china siempre le tiene que tocar a él).

El mantra significativo

Si estás aquejado/a de una neurosis depresiva (algo sumamente improbable, porque de ser así no estarías leyendo este libro: ¡las ganas que tendrá un deprimido de leerse un libro! Y más un libro como éste... ¡Para deprimirse todavía más!), la técnica mántrica no te sirve absolutamente para nada, por la sencilla razón de que no tienes ninguna energía obsesiva que reemplazar.

De todas formas, una técnica mántrica *significativa* puede serte de una cierta utilidad porque un buen/a deprimido/a siempre confía en que algo o alguien pueda ayudarle a salir de su miserable situación (una de las características de la depresión es que el deprimido/a no hace nada para salir de ella, siempre espera que sean los demás quienes acudan en su ayuda), y si este algo o alguien es el Creador... ¡Pues cojonudo! No hay nadie que tenga los papeles tan en regla como Él para hacerlo.

El mantra significativo añade, a la potencia mecánica del mantra, la de la *sugestión*.

Si en vez de repetir «coca-cola», repites «Dios mío»[86], creas en tu inconsciente la convicción de que el Creador está dispuesto a ayudar a un ser tan inmensamente desgraciado como tú (perdón, nada de a *un* ser... ¡*Al* ser más infeliz, más desgraciado y más jodido vivo de todo el Universo!).[87]

---

[86] Juro que en este caso no he pedido (ni recibido) esponsorización alguna.

[87] Este ataque de repugnante peloteo tiene su explicación: siempre les aseguro a los deprimidos que su caso es el más desgraciado del Universo; lo hago desde que, cuando era joven y, por lo tanto, todavía muy inexperto en estas lides, me llamó imbécil un deprimido que estaba absolutamente convencido de que era el blanco preferido de la ira de los dioses, convicción que yo rebatí,

Si te lo crees, la cosa funciona.

Si no te lo crees, evidentemente no.[88]

Si te encuentras en este último caso, puedes usar el nombre de cualquier ente o ideal abstracto en el que sí creas.

Por ejemplo, «armonía, amor».[89]

---

guiado por el sentido común (que, como se ve, no sólo no nos hace acertar siempre, sino que a veces es peligrosísimo), asegurándole que había gente mucho más desafortunada que él. El deprimido llevaba razón al llamarme imbécil: le estaba negando la única satisfacción con que cuenta un deprimido: ser el vencedor absoluto en el campeonato cósmico del sufrimiento y la mala suerte (victoria que le vuelve a acercar a la exaltación del Yo). Desde entonces, siempre les digo a los deprimidos que estoy absolutamente convencido de que el Padre Eterno ha creado el mundo con el único fin de joderles la vida (eso sí, también les suplico que no vayan revelando esta verdad por ahí: tengo una reputación que mantener). Es una teoría metafísica, añado, que merecería un lugar de mayor protagonismo en la historia de la filosofía.

[88] Haciendo un inciso: esto es aplicable a cualquier tipo de terapia. Es lo que justifica el éxito de magos, brujas, nigromantes, quiromantes, adivinos, y de todas las terapias alternativas. Claro que, en muchos casos, también explica el éxito de las medicinas y de las psicoterapias científicas que, no hay más remedio que admitirlo, son con frecuencia mucho menos convincentes que las inventadas a la medida de los tontos del culo. Precisamente por eso.

[89] Sólo te recomiendo este mantra si no estás aquejado/a de una neurosis tirando a seria (o sea, si te consideras, como es lógico, una persona perfectamente sana). Puedes repetirlo mentalmente, logrando la máxima eficacia si imaginas que, durante la inspiración, metes dentro de ti el universo entero y recompones su armonía, eliminando todos los conflictos y los sufrimientos, y que, al exhalar el aire, emanan de ti una luz y un calor capaces de llenar de amor todo el universo. Si practicas durante bastante tiempo, pongamos que un mes, con sesiones diarias de una media hora, te sentirás en perfecta armonía con tus semejantes e imbuido/a de amor universal. Obviamente, antes de acometer semejante empresa, conviene que te asegures de que es eso lo que realmente deseas, ¡sucio/a egoísta, avaro/a, maldiciente y cizañero/a, que eso es lo único que eres!

El nombre de una persona desaparecida[90] o lejana, a la que te sientas especialmente unido/a, también puede crear dentro ti profundas sugestiones y, por lo tanto, es perfectamente válido como mantra significativo.

El mantra significativo está en la base de todas las prácticas religiosas, incluida la cristiana. Su eficacia está fuera de toda duda.

El mecanismo es siempre el mismo: concentrando el pensamiento en un objeto no perturbador, incluso gratificante (en el caso del mantra religioso éste es gratificante porque se le reviste de un poder taumatúrgico), se le impide que se cebe en objetos mentales molestos o incluso dolorosos.

El mantra significativo cuenta con una ventaja indudable con respecto al no significativo: puede ser usado en casos de neurosis que no sean obsesivas, como la ansiosa y, sobre todo, la depresiva.

El motivo radica en que el mantra significativo no produce sólo un cortocircuito cerebral, sino que dicho cortocircuito cerebral tiene una valencia *evocativa*, es decir, establece conexiones sinápticas con otros circuitos cerebrales carentes de tensión excesiva y, por lo tanto, subjetivamente gratificantes.

Una vez rebajada la tensión general, cuando te hayas convertido en una persona aquejada por las pajas mentales normales —es decir, cuando tu nivel de infelicidad vuelva a ser el normal—, sin mayores excesos, podrás pasar a practicar las técnicas que ya he descrito en el capítulo sexto[91] y que

---

[90] Siempre y cuando hayas superado ya el trauma de su desaparición.

[91] Mejor dicho, de las que ya hablaré, dado que tú estás leyéndote el Apéndice antes de haberte terminado el capítulo sexto. Porque habrás hecho lo que te he dicho, ¿no? ¡Ojo, que te estoy vigilando! (Si crees que alguien está siempre vigilándote, eres un/a pajero/a incurable). Esto no ha sido más que una forma de controlar tu lectura, inspirada, como habrás notado, en

versan sobre la *conciencia*, una función psíquica y, por lo tanto, mental, que sólo puede activarse en estados de tensión no excesiva, y que constituyen pues una práctica más preventiva que curativa.[92]

---

un recorrido parecido al del juego de la oca: era el único sistema que se me ocurría para impedir que te quedaras dormido/a, en vista de las escasas expectativas que tenía el texto para lograrlo.

[92] Todos aquellos que hayan leído el libro siguiendo el itinerario que les he aconsejado, a saber, interrumpiendo la lectura a la mitad del capítulo sexto, pasando al Apéndice, volviendo al capítulo sexto y continuando luego con el séptimo hasta llegar al final del Apéndice, pueden participar en el concurso más apasionante de cuantos se hayan propuesto desde las páginas de este libro: «¿Quién es el loco capaz de hacer la gilipollez esa del juego de la oca de la lectura, propuesta en el librucho de Giacobbe?». Compra una postal (una cualquiera, valen también las de vistas típicas de Nápoles) y envíala a la editorial. A *todos* y *todas* aquellos/as que participen en el concurso (a diferencia de los demás concursos del mundo, aquí no se gana por sorteo o eliminación, aquí resultarán vencedores todos los participantes. Total, el número previsto de concursantes es ridículo; es posible, incluso que no llegue a participar nadie) se le regalará otro ejemplar del libro. Que conste que yo le he dejado muy claro al editor que este concurso era una imbecilidad, porque alguien que ya se haya comprado este libro no sólo no quiere otro para nada, sino que después de haber leído apenas un par de líneas no querrá volver a ver un solo ejemplar en lo que le quede de vida. Pero él ha insistido, argumentando que es la única forma que tiene de agotar la edición. Llegados a este punto, te propongo una idea cojonuda. Si la tienes tomada con los editores (y a todo el mundo le caen mal los editores, ¿por qué ibas a ser tú una excepción?), ésta es tu oportunidad de joder a uno: compra no ya miles, sino millones de ejemplares y déjalos en los bancos de los parques, en las salas de espera de las estaciones y en las de los dentistas (lugar en el que uno está dispuesto a leer lo que sea, con tal de no pensar en la que le espera); mejor aún: regálaselos a tus mejores amigos, para tildarles de neuróticos sin tener que decírselo directamente a la cara (algo que siempre es muy arriesgado, tratándose de un neurótico). ¡Verás qué ataque le da al editor! Divertido, ¿no?

Encuentros

I

Las palmeras son muy altas y dominan en el centro del parque, rodeado de setos bien cuidados y de flores.

El resto de la vegetación es también predominantemente tropical y se adapta bien al clima mediterráneo.

Los niños pequeños corren y gritan, se empujan unos a otros, dan revolcones sobre la hierba.

Los chicos más mayores juegan al fútbol, usando sus mochilas y sus chaquetones, amontonados unos encima de otros, como palos de improvisadas porterías.

El parque bordea el mar y la brisa marina llena el olfato de olor a sal y a algas marinas.

Una gaviota pasa, chillando, a muy poca altura sobre la escollera, por debajo del murallón que separa el parque del mar, casi a ras del borde.

El parque es amplio y está recorrido, en todas las direcciones, por pequeños senderos tortuosos. Al fondo se distingue una rosaleda, floreciente y bien cuidada.

Un anciano camina por el sendero principal, despacio pero con paso seguro, con un niño pequeño cogido de la mano.

Sentada en un banco, una joven madre está pendiente de su hijo, dormido en el cochecito.

La primavera ha hecho florecer todas las plantas y se deja sentir por todo el parque, iluminado por los rayos del sol.

La brisa esparce ahora a lo largo del parque el aroma de las magnolias y desplaza el olor a sal, llenando el aire de un intenso dulzor.

Una ardilla se ha detenido en un parterre y mira fijamente hacia el prado; está erguida sobre las patas posteriores, como si fuera una persona, y aprieta una bellota entre las patitas delanteras.

El hombre tiene sesenta y cinco años.

Pero aún conserva un aspecto juvenil.

Tiene el cabello negro y abundante y cejas pobladas.

Es de complexión robusta y más bien bajo de estatura, su apariencia es agradable y va muy bien vestido.

Se nota que pertenece a una clase social acomodada.

Es un profesional liberal.

Se mueve de forma brusca, entrecortada, como si sus articulaciones fueran muelles que descargan cada cierto tiempo una tensión inagotable.

Sus movimientos son parecidos a los saltos repentinos que dan las ardillas de rama en rama.

Dice que no puede olvidar a su mujer, de la que se separó hace ocho años.

Fue ella la que le abandonó y, aunque ella nunca lo ha admitido, él está seguro de que le dejó por otro.

Él nunca ha aceptado la separación.

Para él, ella es aún su mujer.

Ahora se dedica a seguirla, a espiarla, controla todos y cada uno de sus pasos.

Si la descubriese con otro, se dice, todo habría acabado para él.

La sola idea de que pueda estar con otro, de que él ya no sea el único hombre de su vida, le arroja a un estado de total postración, le llena de una rabia incontenible.

Y tiene miedo de cometer una locura.

La ardilla se mete, rapidísima, la bellota en la boca y da un salto hasta la encina más cercana.

Trepa ágil y velozmente a lo largo del tronco y desaparece entre las hojas de la copa.

Se escuchan los tañidos de una campana. Es mediodía.

En el aire flota un aroma a jazmín, a adelfas, a rosas, traído por la brisa que ahora sopla desde el monte.

Los niños pequeños y los chicos mayores se han ido ya. Tampoco queda ningún adulto.

El parque está ahora inmerso en el silencio y sólo algún que otro grito de gaviota recuerda que la vida, allá fuera, es movimiento y acción.

En el parque todo está inmóvil, detenido en el tiempo y en el espacio, en una eternidad hecha de luces y colores entre los que predominan los verdes, los rojos, los blancos.

También los aromas se han detenido, suspendidos en el aire sin viento.

II

El campo parece arder bajo el sol del verano.

La luz cegadora de la primera tarde cae sobre las plantas, el prado, el riachuelo, sin dejar apenas una sombra bajo la que resguardarse.

El gorjeo de los pájaros inunda el aire.

Sus cantos se persiguen a lo largo del pentagrama, formando una sinfonía armoniosa, bien compuesta.

El chirrido de los grillos y de las cigarras, así como el murmullo del torrente, hacen de contrapunto al canto de los pájaros.

Todos los sonidos juntos forman un alegre y apasionado concierto, que se escucha en medio del silencio del campo.

Un pájaro minúsculo sale como una flecha de la tupida copa de un árbol, se encarama, batiendo sus pequeñas alas, hasta lo alto del cielo, y desaparece de la vista, eclipsado por la blanca e inmensa luz del sol.

Es una chica de veinticinco años.

Tiene el cabello largo y negro; los ojos oscuros, resplandecientes.

El rostro es un óvalo perfecto.

La frente es amplia, despejada.

La distancia entre los ojos y la boca es ancha; los pómulos, pronunciados.

La barbilla es pequeña, graciosa.

Su cuerpo es muy delgado y está tan tenso como el de un animal cuando huye.

Viste un par de vaqueros y una sudadera gris con el dibujo, en blanco y negro, de un panda.

Calza unas zapatillas de *footing*, blancas y rojas.

Tiene miedo.

Mira a su alrededor continuamente, como si alguien estuviera siguiéndole el rastro.

Sus ojos negros no consiguen detenerse más de dos segundos sobre un mismo objeto.

Las palabras salen de su boca como el fuego continuo de una ametralladora, sin descanso, sin pausas, sin inflexiones, a una velocidad anormal, encabalgándose unas sobre otras, casi hasta confundirse entre ellas.

Dice que cuando ella tenía doce años su madre intentó suicidarse.

Dice que su madre tenía un amante diez años más joven y que ya no quería vivir con su marido.

Ella ha guardado el secreto hasta hoy, pero vive aterrorizada por la idea de que su madre repita el intento.

Cada retraso, cada ausencia, simplemente el estar lejos de ella, le produce miedo: miedo a que su madre pueda llevar nuevamente a cabo aquel intento.

Dice que cada vez que regresa a casa le entra el pánico de que va a encontrarse a su familia llorando y a su madre muerta en la cama.

Otro pájaro sale volando de entre la espesura de los árboles, seguido por toda una bandada de pequeños y frenéticos pajarillos.

El rítmico aleteo de sus pequeñas alas sustituye a los gorjeos y a los chillidos de los grillos y de las cigarras, que enmudecen de golpe.

El ritmo cadencioso de la pequeña bandada se aleja cada vez más, hasta deshacerse en el silencio.

Y el silencio, una vez más, invade el campo, vuelve a ocupar su sitio en la naturaleza.

El murmullo del torrente también parece atenuarse y todo se detiene en un instante sin sonidos y sin tiempo.

III

La plaza es grande, circular.

En el centro hay una fuente de la que manan chorros de agua, en todas las direcciones.

Sobre su murete se sientan parejas de extranjeros, vestidos con colores chillones.

Hablan en una lengua desconocida, se ríen a carcajadas incomprensibles, pero llenan de alegría toda la plaza.

Alrededor de la fuente el tráfico de los coches es incesante, acelerado.

Los sonidos de las bocinas hacen de contrapunto al aleteo de las palomas, que levantan el vuelo cuando algún niño echa a correr entre ellas.

Es una mujer joven, de treinta y dos años.

Tiene las facciones ahondadas, como las de algunas máscaras nórdicas, pero los cabellos y los ojos son muy negros, como los de las razas del sur del Mediterráneo o del norte de África.

También su piel es oscura.

Su cuerpo está chupado y duro, como un trozo de carne secada al sol.

Sus labios están congelados en un gesto cínico, violento, agresivo.

Dice que, desde niña, sus familiares y sus paisanos la han tratado como a un paria.

Consideraron sus precoces y apremiantes pulsiones sexuales como una vergüenza, un pecado, un crimen.

Siempre se ha sentido sucia, culpable.

Y ya no puede más con una sociedad hipócrita, represiva, opresiva y cruel.

Se siente perseguida, agredida, torturada, martirizada.

Por eso le gusta cometer trasgresiones, en todas partes y todas las veces que puede.

Su vida es una lucha continua contra una sociedad estúpida e injusta.

El carrusel de los coches, dando vueltas alrededor de la fuente, se ha convertido en un río sin historia, un flujo anónimo que ha congelado sus movimientos en una repetición sin fin.

Las palomas han vuelto a posarse sobre el adoquinado que rodea el murete de la fuente y, dando saltitos de forma rítmica, picotean las palomitas de maíz que ha tirado un niño, como si fueran pájaros mecánicos movidos por un resorte, que dieran saltitos por toda la eternidad.

Los turistas graban sus vestidos de colores y sus caras intencionadamente felices en las películas de sus máquinas de fotos; la alegría y la vivacidad de sus risas vencen el sonido de las bocinas, que se reiteran cansinamente, una tras otra, a través del anónimo y monótono río del tráfico.

El concierto de las voces, de las risas, de los repiqueteos, de los sonidos, se convierte en un único sonido, indistinto, lejano, que se debilita cada vez más, hasta desaparecer en la inmovilidad absoluta que ha descendido sobre la plaza, redonda y perfecta como un mandala viviente.

IV

La avenida está desierta.

Las dos hileras de plátanos se pierden a lo lejos, creando una perspectiva que hace que la calle parezca muy pequeña, una miniatura.

Los bancos se suceden regularmente entre los árboles en una composición geométrica perfecta.

Las hojas, amarilleadas por el otoño, surcan lentamente el aire como si fueran planeadores hasta aterrizar en el adoquinado con la pericia de consumados pilotos.

Se siente sobre la piel la caricia fría del viento del anochecer, que penetra por debajo de la ropa y transmite una energía cosquilleante.

También en el aire hay un punzante olor a ozono; negros nubarrones anuncian la llegada de la tormenta.

Un rayo ilumina repentinamente el horizonte, el estampido del trueno retumba a lo lejos, entre las nubes, y se pierde hacia tierras desconocidas, como si se tratara del sonido de una guerra combatida más allá de la frontera.

El hombre tiene cuarenta y cinco años.

Está desplomado sobre el banco, como un muñeco de trapo sin vida.

También su rostro parece blando, caído, como una máscara de cera que se está derritiendo.

Sus ojos están vacíos y sin luz.

Su mirada está perdida en una lejanía sin retorno.

Dice que hace apenas un año tenía una casa, una familia, un negocio, un coche, que ganaba mucho dinero y podía permitirse todos los lujos que quería.

Ahora su familia se ha ido, con su casa, su negocio, su coche, y no le ha dejado más que deudas.

Ahora tiene un trabajo modesto, con el que no gana lo suficiente para poder llevar la vida de antes.

Y sigue pensando en su familia, en su casa, en su negocio, en su coche.

En los tiempos en los que era feliz.

Vuelve a ver a su mujer, elegante y sonriente; su casa, resplandeciente y rica; su tienda próspera y frecuentada por muchos clientes; su despampanante coche, que le daba tanto prestigio.

La vida ya no tiene sentido para él.

Se siente vacío, sin energía.

Ni siquiera tiene ya ganas de hablar; ni de moverse, ni de hacer nada.

Los negros nubarrones de la tormenta están ya aquí, ocupan la totalidad del cielo.

El viento ha cesado del todo y también las amarillentas hojas otoñales han dejado de caer.

El resplandor de un rayo ilumina toda la avenida, como el flash de un fotógrafo.

El sonido de los truenos es fuerte, atronador, amenazante, como el de los cañones de una guerra que ha llegado a tu país y de la que ya no puedes escapar.

La lluvia cae inesperadamente, con violencia, como si fuera un muro de agua que se ha derrumbado desde el cielo, la atronadora cascada de un enorme río suspendido entre las nubes.

La avenida regresa a su silencio desierto y vacío y acoge a la lluvia con amorosa indiferencia.

V

Atardece.

El cielo es de un intenso violeta azulado.

El sol tiñe de rojo carmín la línea del horizonte y forma sobre ella una gran cortina dorada que se difumina en un verde esmeralda, y luego en un verde pavonado que se pierde entre el azul violeta del cielo.

Las gaviotas vuelan en largos círculos sobre la superficie del mar, cerca de la orilla, y se lanzan unas a otras agudos chillidos de reclamo.

La resaca acaricia el acantilado y su sonido llena de un ritmo pautado el silencio que todo lo invade.

Hay un escollo estrecho y largo, que sobresale en el mar en medio de la pequeña ensenada, en dirección al horizonte; algunas gaviotas están posadas en él y forman manchas blancas sobre la superficie oscura.

Es una mujer de cincuenta y dos años.

Aún es atractiva, pero la expresión de su rostro es dura, como de rechazo hacia los demás.

Su mandíbula está contraída, en su mirada hay una inmovilidad malvada. Se lee en ellos el reproche, la acusación, el desprecio.

El rostro se corresponde con la inmovilidad de su mirada; es casi pétreo, inexpresivo, con excepción de un pliegue permanente en los labios, dirigido hacia abajo.

También su cuerpo está rígido, contraído.

Está sentada, muy erguida, sobre el borde del banco; tiene las manos en el regazo, las rodillas apretadas una contra la otra, y la barbilla alzada en dirección al mar, aunque no lo ve, igual que no ve nada de lo que la rodea.

No se fía de nadie.

Dice que nadie es correcto.

La corrección, dice, es lo más importante de la vida.

Debemos respetarla y obtenerla a cualquier precio.

Ella siempre es correcta.

Los demás no lo son nunca.

Por eso no tiene amigos y todos la evitan: porque ella es correcta y los demás no; los demás lo saben y se avergüenzan; cuando la ven se sienten juzgados por ella y como temen su juicio, la evitan.

Pero a ella le trae sin cuidado.

Los demás no le interesan, salvo si son correctos.

Ella sólo quiere tratar con personas correctas.

Si no existen personas así, peor para los demás.

Es preferible no tratar con nadie a hacerlo con personas incorrectas.

El color del cielo se ha vuelto violeta oscuro, con matices negros en las zonas más lejanas.

El sol se ha puesto definitivamente pero su luz todavía inunda el horizonte.

Es una luz con el centro de un color púrpura que va oscureciéndose hacia los bordes, volviéndose de un rojo granate que se difumina por arriba en naranja y verde oscuro, para luego deshacerse en el negro violáceo del cielo.

Las gaviotas han dejado de volar.

Están todas posadas sobre el escollo, juntas y muy cerca unas de otras; forman una gran mancha blanca que destaca sobre la superficie negra del escollo.

La resaca es ahora más intensa, su ritmo es más rápido, pero su sonido, ahora más que antes, sigue siendo el sonido del silencio, de un silencio total, definitivo, que participa de la misma esencia que la materia, un silencio que llena por completo este rincón del mundo en el que la tierra, el mar y el cielo ya no son entidades separadas, sino partes de un mismo e inmenso cuadro, hechas de la misma sustancia, que es el puro color.

VI

Una pequeña playa de pescadores.

Las barcas, pequeñas y abombadas, están alineadas en la línea en que confluyen el agua y la arena, y se dejan acariciar las anchas panzas pintadas de colores por las olas perezosas del mar.

Los viejos arrastran las redes colmadas y palpitantes de peces, sacándolas de los vientres cóncavos de las barcas, e intercambian de cuando en cuando alguna palabra entre ellos; hablan de cosas que sólo ellos conocen, de peces, de la mar, de barcas, de mujeres.

Las mujeres mueven sus dedos, expertos y rápidos, entre las espiras de los encajes y hablan continuamente, a veces en un tono de voz alto y exaltado, a veces en tono quedo y como en secreto, a veces explotando todas al tiempo en estruendosas carcajadas, que culebrean por el aire como los disparos de una escopeta de feria.

Los niños corren entre las barcas, dando pequeños gritos para llamarse la atención entre ellos; algunos están desnudos.

Los gatos, repantigados sobre los escollos, entornan los ojos para evitar el sol, pero no apartan la mirada de las redes, rebosantes de peces.

Las gaviotas revolotean sobre la playa inspeccionando las barcas con sus ojos agudos y llenando con sus chillidos el aire terso y luminoso de la mañana.

Es un hombre joven, de veintisiete años.

Tiene el pelo de un rubio oscuro que se vuelve de un oro casi platino cuando se proyectan sobre él los rayos del sol; los ojos son de un gris azulado y en ellos se refleja toda la luminosidad y la profundidad del cielo.

Sonríe. Es una sonrisa apenas esbozada, que le alarga los labios en una curva que acoge todo con paz, alegría, armonía, aceptación, comprensión, amor.

Es como si con su mirada, con su sonrisa, abrazase este pequeño rincón de mundo, la playa, las barcas, las redes, los viejos, las mujeres, los niños, los gatos, las gaviotas, y lo acariciase con una ternura y una dulzura infinitas.

El tiempo sigue fluyendo por su profundo cauce, pero el joven sabe estar en cada uno de los puntos de sus orillas, en cada peñasco, en cada remanso, en cada piedra, en cada matojo.

Él está en todos y cada uno de los puntos del río de la vida y del Universo.

Ese pequeño rincón de mundo se ha convertido en el mundo entero, en él se recoge la totalidad del Universo, y las barcas, las redes, los viejos, las mujeres, los niños, los gatos, las gaviotas, se han convertido en todos los seres vivos, los hombres, las mujeres, los animales, las plantas, así como en todas las cosas inanimadas, las piedras, las nubes, las estrellas, que el Universo ha vertido en el río del tiempo, que ha sumergido en sus aguas antaño cálidas y espumeantes y ahora frías e inmóviles.

El joven mira y sonríe.

Su mirada, así como su sonrisa, es más antigua que las barcas, las redes, los viejos, las mujeres, los niños, los gatos, las gaviotas.

En su mirada y en su sonrisa late la presencia del silencio de la paz, de la alegría, la armonía, la aceptación, la comprensión y el amor universal.

Este libro se terminó de imprimir
en el mes de mayo
de 2012